ANTON ROTZETTER

Streicheln
mästen
töten

ANTON ROTZETTER

unter Mitarbeit
von Annette Maria Forster

Streicheln mästen töten

Warum wir mit Tieren anders umgehen müssen

HERDER

FREIBURG · BASEL · WIEN

Allen
die das Leben achten

Allen
die Gottes Schöpfung lieben
Pflanzen
Tiere
Menschen

Allen Organisationen und Personen
die sich in den Dienst des Lebens stellen
den Menschenrechts-, Umwelt- und Tierschutz-
organisationen

in besonderer Weise
der Aktion Kirche und Tiere (AKUT)

in Dankbarkeit
gewidmet

Inhalt

Vorwort

Mit Franz von Assisi vollzieht sich ein Quantensprung der abendländischen Mentalitätsgeschichte. Das Tier hört auf, ein bloßes Spielzeug des Menschen zu sein. Es wird zum Mitspieler, zum Subjekt, zum geschwisterlichen Gegenüber. Ja, noch mehr: das Tier wird zum Ort, an dem sich Gott offenbart. Der Mensch muss seine Augen aufreißen, um zu sehen, was das Tier vom Geheimnis Gottes zeigt. Er muss das Ohr des Herzens öffnen für das, was das Tier von Gott sagt. Er muss, wie Franziskus sagt, «selbst den wilden Tieren und Bestien ‹ge-hor-sam› sein». Da wird eine andere Ordnung des Seins aufgezeigt, in der der Mensch nicht über der Schöpfung und dem Tier steht, sondern als Geschöpf unter Geschöpfen, die miteinander dialogisch verbunden sind. Jedenfalls ist das Tier kein Objekt mehr, über das der Mensch verfügen dürfte, sondern ein Subjekt, dem die Freiheit ebenso zu eigen sein muss wie dem Menschen. Viele Anekdoten sind deswegen geprägt von der freilassenden und freigebenden Gebärde: ein Fisch wird den Wellen des Wassers zurückgegeben, eine Nachtigall oder eine Zikade in die Freiheit geschickt, Lämmer werden freigekauft, Würmer von der staubigen Straße ins nasse Gras zurückgelegt.

Gewidmet habe ich diesem neuen Verhältnis zum Tier mein Buch «Die Freigelassenen. Franz von Assisi und die Tiere» (Freiburg/Schweiz 2011). Da ging es mir um eine wissenschaftliche Wertung und Beschreibung der Art und Weise, wie Franz von Assisi den Tieren begegnet ist. Ich wollte damit einen Beitrag leisten, dass dieses Verhalten einer bloß romantischen Interpretation entrissen wird. In «Die Freigelassenen» habe ich bereits das vorliegende neue Buch angekündigt. Ich wollte neben die historische Betrachtung eines konkreten Tierverhaltens ein aktuelles Buch stellen, das die heutigen Fragestellungen aufgreift und ein neues schöpfungsorientiertes und tierethisches Verhalten fordert. Die Methode ist diesmal freilich nicht eine wissenschaftliche, sondern eine eher literarische. Ich wähle vor allem das Mittel der Erzählung, um zu zeigen, wie sich in konkreten Geschichten Positives und Negatives spiegelt.

Zwischendrin sind immer wieder informative Übersichten eingefügt mit viel Material, das zum vertieften Nachdenken anregen möchte. Diese Übersichten hat Annette Forster, die Geschäftsführerin der schweizerischen «Aktion Kirche und Tier» (AKUT) sowohl recherchiert als auch redigiert. Auch hat sie immer wieder korrigierend und ergänzend Einfluss auf die Textgestalt des Buches genommen, dafür möchte ich ihr herzlich danken.

Ich danke Ihnen, liebe Leserinnen und Leser, wenn Sie dieses Buch wohlwollend aufnehmen und mit uns Verantwortung für unsere Welt übernehmen.

Anton Rotzetter

Einführung

In den 1940er Jahren hatten mein Vater und seine Brüder auf einer Anhöhe ein Kreuz errichtet. Es sollte auf der ganzen Alp den Geist offenbaren, der da über Mensch und Tier walten sollte. Inzwischen war das Holz morsch geworden, und ich sollte das neue «Rotzetterkreuz» im Rahmen eines Gottesdienstes einweihen:

> Ich komme mir heute vor wie der Mönch Remigi vom Gutenmannshaus. Wie er soll ich ein Kreuz aufrichten, um die Vergangenheit zu bannen und eine neue Zukunft zu eröffnen.
>
> Remigi ist vielleicht nicht allen bekannt. Und darum möchte ich die ganze Geschichte einmal erzählen. Vor allem auch deswegen, weil ich überzeugt bin, dass in dieser Geschichte alles gesagt ist, was zum heutigen Anlass zu sagen ist.
>
> Da, wo heute die Familien Rotzetter und Jelk seit mehr als fünfzig Jahren den Hirtendienst versehen, wohnte zu ganz frühen Zeiten ein guter Mensch: Bernhard Riggi. Er hatte alles, was er brauchte. Und was er hatte, teilte er mit seinen Mitmenschen. Nichts hat er als seinen eigenen Besitz betrachtet. Alles sollte allen gehören, besonders auch den Armen. Und wie er mit den Menschen war, so war

er auch mit den Tieren. Keines hatte etwas zu befürchten, kein Rind und keine Gämse. Die eigenen Tiere und die Tiere der Berge konnten unbesorgt nebeneinander weiden. Und über allem waltete der Segen des Himmels. Alles war von guten Geistern beseelt.

Das änderte sich, als Bernhard Riggi starb und sein Sohn Ubald Riggi die Hirtschaft antrat. Der war von ganz anderem Holz als sein Vater. Wo dieser alles mit allen teilte, wollte der Sohn alles für sich allein haben. Wo sein Vater in enger Lebensgemeinschaft mit seinen Mitmenschen lebte, sonderte sich der Sohn von der Gemeinschaft der Menschen ab: Er baute sich auf der Kaiseregg ein imposantes Schloss und schaute voller Verachtung auf die andern hinunter. Wo sein Vater das Geheimnis der Natur und des Tieres respektierte, machte der Sohn frevlerische Jagd, so dass kein Reh und keine Gämse sicher waren und die friedliche Gemeinschaft der häuslichen und wilden Tiere aufgelöst wurde. Und wo sein Vater die guten Geister, die hinter allem stehen, ehrte, brach der Sohn mit ihnen. Der Segen wich, und Fluch kam über die Alp des Riggi: Pest und Seuchen.

Über Ubald Riggi kam bald einmal das Gericht. Blitz, Hagel, Donner, Erdbeben. Die Kaiseregg spaltete sich. Ubald wurde mitsamt seinem Schloss in die Tiefe gerissen. Grosse Wasserfluten kamen nach. Unten wurden sie durch die Felsmassen gestaut. Und so entstand der Schwarzsee. Oben auf der Kaiseregg waltete weiterhin der böse Geist, der Drache, der Menschen und Tiere verschlingt. Aus dem Paradies wurde durch die Sünde Ubalds eine unheimliche Welt. Eine Welt, die nach Erlösung ruft. Dass der Mensch wieder wohnen kann in Frieden mit sich, den Menschen und der Natur. Dass er wirklich wieder daheim ist …

Dieser Schrei richtete sich dann an den Mönch Remigi. Er solle kommen, die Bosheit bannen, über das Vergangene ein Kreuz machen und die Schöpfung Gottes proklamieren.

Und das will ich nun auch wieder tun: Ich mache das Kreuz über allen Egoismus, der nur sich selber kennt, über Ubald in uns allen, der nur das Eigene sucht. Ich erkläre: Bernhard Riggi ist der Mensch nach dem Herzen Gottes: Was einer hat an Talenten, Gesundheit und Besitz, gehört auch allen. Ich mache das Kreuz über alle Verschandelung der Natur und über alle Knechtung und Verängstigung des Tieres, über Ubald in uns allen, der die Gemeinschaft mit der Schöpfung aufkündet und sich zum Gott der Welt macht. Ich erkläre: Bernhard Riggi ist der Mensch nach dem Herzen Gottes: Der Stein, auf dem wir gehen, das Wasser, das wir trinken, die Kuh, die wir melken, die Rinder, deren Glocken wir hören – all die Dinge und Wesen dieser Welt sind unsere Brüder und Schwestern. Und wir haben ihr Geheimnis zu wahren und zu respektieren.

Ich mache das Kreuz über alle Leugnung einer letztlich guten, vom Geist und Segen Gottes durchwalteten Welt. Ich erkläre: Bernhard Riggi ist der Mensch nach dem Herzen Gottes: Über das Vordergründige und Oberflächliche dieser Welt hinaus gilt es eine Welt zu suchen, Gottes Welt, mit der wir in einen Dialog treten sollen, in die hinein wir wachsen können.

Ubald muss sterben, es lebe Bernhard Riggi. Dieses erneut aufgerichtete Kreuz zeigt unsere Sehnsucht nach dem Ursprung der Schöpfung. Und es zeigt den Weg, wie wir dahin gelangen. Wer sein Leben für andere hingibt, wird in Ewigkeit leben.

Diese Predigt, welche eine örtliche Sage aufnimmt, hielt ich 1976. Sensibilität und Bewusstsein für die Zusammenhänge der Schöpfung waren auch damals eigentlich schon eine Selbstverständlichkeit, wie das wunderbare Lied zeigt, das Louis Armstrong 1970 so eindringlich und innig sang: «What a Wonderful World». Da kann eigentlich niemand gleichgültig bleiben, wenn er die Mimik, die Bewegung des Kopfes, das Rollen der Augen, die zärtliche Ausstrahlung des Sängers und die leisen und lauten eindrücklichen Töne auf sich wirken lässt. Und erst dieser Text!

Ich sehe grüne Bäume, rote Rosen
– sie blühen für dich und mich.
Und ich denke so bei mir:
Was für eine wunderbare Welt!
Ich sehe den blauen Himmel, weiße Wolken,
den vom Licht verwöhnten Tag
und das ehrwürdige Dunkel der Nacht –
und ich denke mir: was für eine wunderbare Welt!
Die Farben des Regenbogens,
die sich am Himmel so hübsch ausmachen,
spiegeln sich in den Gesichtern der Menschen wider,
die ihn sehen.
Ich sehe Freunde,
die sich mit «Na, wie geht's?» begrüßen –
was sie eigentlich meinen, ist: «Ich liebe dich!»
Ich höre kleine Babys schreien,
sehe, wie sie aufwachsen –
sie werden eines Tages mehr lernen,
als ich je gewusst habe.
Und dann denke ich mir:
Was für eine wunderbare Welt![1]

Der Text mag irreal klingen und vielleicht sogar als kitschig empfunden werden. Doch ist er von allem Anfang an als Anti-Text gedacht und gegen die Fehlentwicklungen in der amerikanischen Politik und Wirtschaft gerichtet. Alle, die Louis Armstrong hörten, wussten, dass das Lied – ähnlich wie die wunderbaren Schöpfungstexte der Bibel (Genesis 1 und 2) – ein prophetischer Text ist, in dessen Kraft nötige Veränderungen vorgenommen werden müssen und können. Diese Intention hat später der World Wide Fund for Nature (WWF) in einem Werbefilm aufgegriffen. Er lässt darin das Lied Louis Armstrongs erklingen und lässt schreckliche Bilder von verbrannter Erde, Wüsten, gewaltsamem Tod, gefälltem Regenwald vor dem Zuschauer vorbeiziehen.[2]

Gleich in der Aussage ist der «Earth Song» von Michael Jackson, der in den 1990er Jahren in mehreren unterschiedlich langen Varianten und zuletzt in einem größeren Film gegen die umfassende Zerstörung der Schöpfung protestierte. Das Video zum Song zeigt in schnellen Sequenzen Krieg und Gewalt gegenüber Mensch und Tier, die Ausbeutung und ihre Folgen und deren apokalyptischen Ausmaße. Es zeigt das fromme Gebet der Menschen und den messianischen Einsatz (Jackson stemmt sich rechts und links gegen die Bäume und erweckt den Eindruck eines Gekreuzigten). Dann kommt es überraschend zur wunderbaren Regeneration der Natur, ja zur Auferstehung des Lebens. Man mag diesen Videoclip für widersprüchlich oder gar überheblich halten, wie Reaktionen zeigen, die ich bei der Arbeit mit dem Text seines «Earth Song» gehört habe. Dennoch stellt Michael Jacksons «Earth Song» in Form eines klagenden Gebetes den Zustand der Erde und die

Dringlichkeit eines anderen Verhaltens mit aller Klarheit heraus. Mit der Sensibilität, die in den Liedern und Texten beider Künstler zum Ausdruck kommt, ist es so eine Sache. Sie ist ganz offensichtlich in breiten Kreisen unserer Gesellschaft verloren gegangen. Mit beängstigenden Auswirkungen.

In meinem Buch «Die Freigelassenen» habe ich in der Einführung einiges dazu gesagt. In der Rezension, die Urban Fink-Wagner, der Redaktor der Schweizerischen Kirchenzeitung verfasste, spricht er denn auch von einem «Weckruf».[3] Das vorliegende Buch nun stellt sich noch ausdrücklicher in den Dienst der Bewusstseinsbildung. Es trägt einen Titel, der auf den ersten Blick vielen unverständlich sein mag: «Streicheln, mästen, töten». Die einen tun dies, die andern jenes, aber vielleicht tun wir alles miteinander. Wir können Tiere lieben bis zum Exzess, indem wir sie vergöttern oder vermenschlichen. Dies aber ist ebenso wenig tiergerecht wie die totale Nutzung, die das Tier zur bloßen Sache herabsetzt. Inzwischen erkennen wir Zusammenhänge, die uns zwingen, in den Tieren Subjekte zu sehen, mit denen wir eine gemeinsame Zukunft auf unserem Planeten haben. Wenn dies nicht sehr schnell erkannt wird, kann es kein gutes Morgen geben für uns Menschen.

I

Wie wir mit Tieren umgehen

Im ersten Teil dieses Buches möchte ich einige Geschichten erzählen, in denen sich Probleme und Dilemmata, Stimmen und Gegenstimmen, aber auch handfeste Fakten und ein entsprechendes (un)ethisches Verhalten wie in Brennpunkten spiegeln.

1 Tierversuche

Sie nennt sich «Erbse», ist eine junge Frau und produziert jede Menge YouTube-Filme.[4] Viele davon behandeln tierrelevante Themen: vegane und vegetarische Ernährung, Tierversuche, Massentierhaltung, Kosmetik und vieles andere. Sie spricht ihre offenbar große jugendliche Zuhörerschaft mit «Ihr» an.

Mit großen Augen schaut sie aus dem Bildschirm heraus, intim und naiv, aber auch mit einer detaillierten Sachkenntnis. Sie nennt alle Kosmetikmarken mit Namen, welche mit Hilfe von Tierversuchen hergestellt sind. Sie zitiert eine Liste, die, wie sie sagt, «jeder Idiot versteht». Auch diese steht im Internet: «Tiere werden vergiftet, aufgeschnitten, verätzt, gelähmt, zersägt, zertrümmert, verstümmelt, mit Krankheiten infiziert. Sie müssen hungern und dursten. Sie werden bestrahlt, verbrannt, vergast, geköpft, ertränkt, erstickt. Sie dürfen nicht schlafen, man macht ihnen Angst, versetzt ihnen Stromschläge und hält sie in völliger Einsamkeit oder Dunkelheit. Man zerstört ihre Gehirne, entnimmt ihnen Organe, pflanzt ihnen fremde ein und vieles mehr ...»[5] Und dann stellt «Erbse» ihre hilflosen Fragen: «Ich möchte verstehen, ich versteh's nicht! Warum? Weshalb? Sagt es mir: warum kauft ihr das Zeug? Weshalb? Warum?»

«Erbse» hat recht. Tierversuche für kosmetische Artikel sind bereits in verschiedenen Ländern verboten, werden aber dennoch weitergeführt, indem Gesetzeslücken konsequent ausgenutzt werden. Dabei besteht doch ein Konsens: Tierversuche für Kosmetika sind völlig überflüssig.

Und immer mehr tendiert die Gesellschaft zur Auffassung, dass sie auch für Medikamente und andere Forschungsziele überflüssig sind. Selbst die Pharmaindustrie tendiert mit ihrer «Drei R-Regel» in diese Richtung. Sie stammt vom Zoologen William Russel und vom Mikrobiologen Rex Bruch, die sie bereits 1959 formuliert haben:

Reduction: zahlenmäßige Reduktion der Versuchstiere
Refinement: Verbesserung durch Reduktion von Stress und Schmerz
Replacement: Ersetzung durch andere Versuchsmethoden.

Diese Regel hat sich zum Beispiel der internationale Pharmakonzern Novartis kürzlich angeeignet, sie ist als Fortschritt zu bezeichnen, sofern sie denn wirklich und zielstrebig befolgt würde.

Dennoch werden immer noch Millionen Tiere für fragwürdige Ziele unwürdigen Versuchen unterworfen. Dabei ist die Übertragung der Ergebnisse aus dem Tierbereich auf den Menschen fragwürdig. «Der Mensch ist doch keine 70 Kilo schwere Ratte und auch keine Maus!», stellt Dr. Rüdiger Dahlke, Arzt, Psychotherapeut und Autor in seinem YouTube-Film[6] fest. Er verweist dabei auf eine Studie des Konstanzer Toxikologen und Pharmakologen Professor Dr. Thomas Hartung.[7] Danach verhindern Tierversuche geradezu den Fortschritt der Wissenschaft. 60 Prozent der nicht zugelassenen Medikamente, die sich bei Tierversuchen als schädlich erwiesen haben, sind für den Menschen völlig harmlos. Zudem gibt es unterdessen viel zuverlässigere Testmethoden. So besteht, sagt Tierfreund Dahlke, zum ersten Mal eine reale Chance, dass kommerzielle Überlegungen zu einer massiven Reduktion von Tierversuchen führen könnten.

«Animalfree Research»[8], eine Organisation, die sich der «versuchstierfreien Forschung» verpflichtet hat, beschreibt auf ihrer Homepage die alternativen Methoden: Reagenz-Methoden, Computer-Modell-Methoden.

Angesichts der Probleme, die hinter den Tierversuchen stehen, muss gefragt werden, welchen nichtwissenschaftlichen Interessen die Wissenschaft verpflichtet ist. Und ärgern muss man sich auf jeden Fall, wenn Dr. Beda Stalder, Professor für Immunologie in Bern, sagt, dass er doch auch gerne hat, wenn man an ihm bei schwerwiegenden Problemen «alles versucht», um ihm zu helfen.[9] Da muss wirklich an der Logik des Wissenschaftlers gezweifelt werden. Denn da geht es doch um etwas völlig anderes. Wenn jemand todkrank ist, ist jede erfolgversprechende und ethische Methode erwünscht. Bei Tierversuchen aber werden Tiere todkrank gemacht, nicht um dem Tier zu helfen, sondern, wie man behauptet, dem Menschen.

Nachdenken über Tierversuche

Tierversuchsverbrauch in der Europäischen Union pro Jahr: über 12 Millionen Tiere.

Die drei Spitzen-Tierversuchsländer sind **Frankreich** mit 2.328.380, **England** mit 2.266.884 und **Deutschland** mit 2.021.782, also mit **je über zwei Millionen** ‹verbrauchten› Tieren.

In **Österreich** wurden 220.456 Tiere und in der **Schweiz** 761.675 Tiere in Tierversuchen verwendet.

Beispiel Schweiz 2010:

Tierart	Schweregrad				
	SG 0	SG 1	SG 2	SG3	Total
Labor-Nagetiere	150.078	290.569	112.917	12.085	565.649
Kaninchen, Hunde, Katzen Primaten	5186	5912	926	49	12.073
Nutztiere	5884	3004	789	62	9739
Säuger	2173	1330	6	0	3509
Nicht-Säuger	87.318	79.850	687	2850	170.705
Total	250.639	380.665	115.325	15.046	**761.675**

Erstmals seit mehr als 13 Jahren wurden 2010 in der Schweiz nun wieder Tierversuche für Kosmetika bewilligt. Dies ist ein großer Rückschritt, denn **in der EU besteht seit 2004 das Testverbot für kosmetische Fertigerzeugnisse,** seit 2009 das Testverbot der einzelnen Bestandteile für kosmetische Produkte sowie ein Vermarktungsverbot für tierversuchsbelastete Kosmetikprodukte (Inkrafttreten 2013).

Laut der amerikanischen Arzneimittelbehörde *Food and Drug Administration (FDA)* scheitern nicht weniger als 92 Prozent aller Medikamente, die in Tierversuchen als sicher und therapeutisch wirksam befunden wurden, in klinischen Versuchen an Menschen wegen ihrer Toxizität und/oder Unwirksamkeit und werden deshalb nicht bewilligt. Außerdem muss mehr als die Hälfte der verbleibenden acht Prozent der Medikamente, die von der *FDA* bewilligt werden, später zurückgezogen oder deren Beipackzettel ergänzt werden wegen ernsthafter unerwarteter Nebenwirkungen.

Laut Fachliteratur erleiden in den USA jedes Jahr über zwei Millionen Krankenhauspatienten schwere Medikamentenschäden. Zudem sterben jährlich über 100.000 Patienten an den Nebenwirkungen von Medikamenten, was der fünfthäufigsten Todesursache im Land entspricht. In der **Schweiz** werden jährlich rund 40.000 Patienten durch Arzneimittel-Nebenwirkungen geschädigt, wovon 500 bis 1000 sterben. Diese Zahlen sind allerdings zu niedrig gegriffen, weil viele Nebenwirkungen nicht gemeldet oder nicht einmal als solche erkannt werden. Außerdem werden Todes- und Schadensfälle durch Medikamentennebenwirkungen in keiner amtlichen Statistik in den USA oder in der Schweiz gezählt.

Alle diese Medikamente wurden zuerst im **gesetzlich vorgeschriebenen Tierversuch** auf ihre angebliche Wirksamkeit und Sicherheit geprüft. Bei Menschen führten sie aber zu schwerstem Leiden und Tod. Dies ist kaum verwunderlich: Wegen grundsätzlicher Spezies- und Stoffwechselunterschiede reagieren Tiere auf Medikamente anders als Menschen. Außerdem werden Tierversuche unter künstlichen Laborbedingungen durchgeführt, die den komplexen Eigenschaften des menschlichen Körpers nicht entsprechen.

Seit 2007 läuft durch Beschluss der EU das gigantische Projekt **REACH**. Tausende alte Chemikalien – von Terpentin bis Textilfarbe, von Maschinenöl bis Pflanzenschutzmittel – sollen bis 2018 auf ihre Giftigkeit überprüft werden, und zwar größtenteils in Tierversuchen. Nicht nur Tierschützer, auch Fachleute wie beispielsweise «Ärzte gegen Tierversuche» verurteilen das Projekt als grausam und sinnlos.

Quellen:

Schweizerisches Bundesamt für Veterinärwesen
www.tv-statistik.bvet.admin.ch

Schweizer Tierschutz STS
www.tierschutz.com/tierversuche

Verein zur Abschaffung der Tierversuche, Dr. Christopher Anderegg, Zürich
www.animalexperiments.ch

Ärzte gegen Tierversuche Deutschland
www.aerzte-gegen-tierversuche.de/infos/eu/159-reach-grausame-und-sinnlose-chemikalien-tierversuche

EU-Bestimmungen Tierversuche Kosmetik www.tierschutz.com/tier versuche/statistik/tvstatistik2010_ 02.htm

europa.eu/legislation_summaries/consumers/product_labelling_and_ packaging/co0013_de.htm

Gute Zusammenfassung und Perspektiven zum Thema Tierversuche www.tierschutz.com/tierversuche/druckfrisch/broschuere_tier versuche.htm

2 Lawinenforschung

Viele Wissenschaftler sind offenbar weit entfernt von jeder Sensibilität für das, was im Blick auf Menschlichkeit und Ethik noch annehmbar ist. Im Zusammenhang mit der Atombombe haben ihre Erfinder zu spät erkannt, welchen Schrecken sie über die Erde gebracht haben. Und einige haben sich angesichts des Dämonischen, das sie da in Gang gesetzt haben, von ihrem Tun distanziert. In den 1980er Jahren hat der berühmte Biochemiker Erwin Chargaff (1905–2002) ein dreijähriges Moratorium wissenschaftlicher Forschung gefordert. Danach sollte angesichts der erschreckenden wissenschaftlichen Ergebnisse in allen Ländern eine umfassende Diskussion über die Ziele, denen wir die Forschung unterwerfen wollen, stattfinden. Vergeblich!

2010 wurde ganz Europa durch eine Nachricht[10] aufgeschreckt. Da wollte man in den österreichischen Alpen eine relativ große Anzahl Schweine (29) wissenschaftlichen Experimenten aussetzen. Man narkotisierte sie und brachte sie dann in die eisig kalte Landschaft, um über ihnen Lawinen auszulösen. Man wollte wissen, wie sich die verschütteten Schweine verhalten und wie sich dann der Sterbevorgang gestaltet. Das Experiment musste nach zehn getöteten Schweinen wegen der Empörung in der Bevölkerung und bei einigen Politikern und wegen der Proteste der Tierschutzorganisationen abgebrochen werden. Bis heute aber weiß man nicht, was mit den meisten der nichtgetesteten Schweine geschehen ist.

Was aber hat sich das zuständige Ministerium gedacht, als es sein Einverständnis zum Forschungsprojekt gegeben hat? Was haben sich die Forscher gedacht, als sie das Gesuch eingereicht haben? Welche Empfindungen hatten sie, als sie die Agonie der Schweine, die sie dem Tod auslieferten, mitverfolgt haben? Welchen Aussagewert haben eventuelle Forschungsergebnisse? Sind sie überhaupt auf den Menschen übertragbar? Und entspricht das Experiment wissenschaftlichen Bedingungen? Ist nicht auch jede Lawine anders, ebenso die körperliche Konstitution der verschütteten Menschen, so dass Aussagen kaum wissenschaftliche Geltung haben können? Die nachträgliche Stellungnahme des zuständigen Ministeriums gibt nur ungenügend Antwort auf all diese Frage und ist ein eindeutiger Beweis für mangelnde Sensibilität.[11]

Was aber an diesem Beispiel noch deutlicher wird, ist die Tatsache, dass die Forschung den Zusammenhang mit der Gesellschaft verloren hat. Wenn so breite Bevölkerungsanteile und die Politik die wissenschaftlichen Bemühungen nicht mehr mittragen, dann ist das notwendige Gleichgewicht, das zwischen Gesellschaft, Wirtschaft und Wissenschaft grundlegend zu fordern ist, nicht mehr gegeben. Die wissenschaftliche Neugier muss sich dem ethischen Konsens der Gesellschaft unterordnen.

3 Kuh mit Loch im Bauch

Sie heißt Trixie und ist eine zwölfjährige Kuh. Seit neun Jahren lebt sie in der tierärztlichen Klinik der Universität Stuttgart Hohenheim.[12] Der Klinik angeschlossen ist ein «Institut für Tierernährung» unter der Leitung von

Prof. Dr. Markus Rodehutscord, der seine Zufriedenheit mit einem heiteren Lächeln zur Schau trägt.

Trixie hat an ihrer linken hinteren Seite, wie übrigens noch eine ganze Reihe von Kühen in dieser Klinik und an anderen Universitäten, ein großes Loch im Bauch, das mit einem Stöpsel aus Kunststoff geschlossen ist. Diese «Fistelierung», wie man das Loch nennt, erfolgt unter Narkose, sei aber ansonsten völlig schmerzlos, sagt der Professor. Bestätigt wird dies durch Dr. Klaus Lüdcke, den Tierschutzbeauftragten des Landes Berlin. Über ihn laufen Gesuche für solche Tierversuche. Die Kuh erleide auch sonst keinerlei Beeinträchtigung ihres Lebens, sagt er. Zu vergleichen sei das mit einem Ohrenschmuck, der ja auch nicht wehtäte. Prof. Rodehutscord öffnet den Stöpsel und dringt mit seinem Arm in das Innere des Pansens, um eine Handvoll gärendes Futter herauszuholen.

Was denn der Zweck dieses Loches sei, fragt nicht nur der Tierliebhaber, sondern auch der Skeptiker. Um das umweltschädigende Methan zu reduzieren, sagt der Professor. Methan sei die Nr. 2 der schädlichen Klimagase. Dabei zeigt er ein Säckchen, in dem sich «Tannine» befinden, ein pflanzlicher Gärstoff, der die Bildung von Methan behindert, den aber Trixie zu fressen sich weigert. Nun will man ein Nahrungsmittel erstellen, in dem sich dieser Gärstoff befindet und das Trixie dann auch frisst.

Das Forschungsziel ist die Reduzierung des Methans um 25 Prozent. Bisher hat man bereits 10 bis 15 Prozent geschafft. Wenn das Ziel erreicht ist, entspräche das der Abschaffung von fünf Millionen Autos in Deutschland, sagt der Professor. Und zudem: Durch die Reduzierung des Methans könne die Kuh eine noch größere Milchleistung erbringen.

Ein typisches Beispiel für eine tierverachtende Forschung! Das Tier hat angeblich keine Schmerzen, sagen Professor Dr. Rodehutscord und Dr. Klaus Lüdcke. Aber was ist mit der körperlichen Integrität der Kuh? Und was ist mit der tiergerechten Haltung? Trixie sei gesund, sagen die Herren. Doch was heißt das: gesund?

Und was sind das für Ziele? Eine nochmalige Steigerung der Milchleistung ist auch ökonomisch fragwürdig und angesichts der Milchschwemme hierzulande unsinnig. Vor einigen Jahrzehnten noch lag die Milchleistung einer Kuh bei etwa zehn bis fünfzehn Liter pro Tag, heute erbringt sie bis 100 Liter. Und das nur, weil die Kuh «umgebaut» wurde. Man muss nur einmal die riesigen Euter in Betracht ziehen, die oft das Gehen behindern. Die Kuh wird bis an ihre Grenzen umgebaut und ausgebeutet. Dabei ist Milch ohnehin ein dem Menschen auferlegtes Produkt. Eigentlich brauchen nur Säuglinge Milch (und zwar die ihrer Mutter ...).

Und die Rechnung «25 Prozent weniger Methan = fünf Millionen Autos weniger» geht aus verschiedenen Gründen nicht auf.

Am Rande einer Nutztiertagung des Schweizer Tierschutzes (STS) kommt die Berliner Tierärztin und Mediatorin Anita Idel auf mich zu. Sie leitet unter anderem das Projekt «Tiergesundheit und Agrobiodiversität».[13] Sofort stehen wir in einem lebendigen und leidenschaftlichen Austausch.

Bald dreht sich unsere Diskussion auch um Trixie, die Kuh mit dem Loch im Bauch. «Da wird wieder einmal eine falsche Diskussion geführt», sagt sie vehement. Das Methangas, das die Kuh produziert, sei zwar 25 Mal gefährlicher als Kohlenstoffdioxid (CO_2). Doch 250 Mal gefährlicher sei das Lachgas, das durch die intensive Landwirtschaft freigesetzt werde. Davon aber spreche niemand, sagt sie, «die Kuh ist der Sündenbock für eine total verirrte Landwirtschaftspolitik». Man müsse das Problem der Klimaerwärmung viel grundsätzlicher angehen, fügt sie hinzu.

Anita Idel sagt wie viele andere, dass die Stückzahl der Tiere reduziert werden muss. Aber die Kuh müsse – zusammen mit Ziegen, Schafen und anderen Weidetieren – genutzt werden, um Dauergrünflächen zu pflegen. Es brauche ein konkretes nachhaltiges Weideprogramm, damit die Böden nicht erodieren und eine starke Grasnarbe und eine gute Humusschicht darunter entstehen. Grünflächen binden den CO_2-Ausstoß. Darum ist die Kuh nicht nur kein Klimakiller, sie trägt vielmehr, richtig eingesetzt, zur Bewältigung der befürchteten Erderwärmung bei. Das Gespräch mit dieser kompetenten Frau zeigt mir, wie fixiert wir doch sein können bei ökologischen Problemen. Wir sollten alles im Großen und Ganzen sehen.

Aber noch etwas anderes ergibt sich. Warum wird das Lachgas verschwiegen? Welche Interessen stehen hinter der Landwirtschaftspolitik? Werden da wirklich die Interessen der Bauern vertreten? Und nicht etwas völlig anderes? Zum Schaden der Schöpfung?

4 Ökonomischer Missbrauch ökologischer Gesichtspunkte

Innerhalb kurzer Zeit gehen folgende Meldungen durch die Presse: In der Schweiz soll wieder Tiermehl an Schweine und Geflügel verfüttert werden dürfen, um wertvolles Protein nicht einfach zu vernichten und die Einfuhr von Soja zu vermeiden. Und in Australien sollen wilde Kamele abgeschossen werden, weil sie durch den Methan-Ausstoß das Klima schädigten.

Auf den ersten Anhieb ist man geneigt, in beiden Fällen zuzustimmen. Denn diese Politik trägt das Etikett «ökologisch» vor sich her. Doch der Schein trügt, wie ein zweiter Blick zeigt.

Zunächst: das Tiermehlverbot hatte ja einen guten und erkennbaren Sinn. Fleischabfall wurde als Tierfutter verarbeitet und teilweise auch an vegetarisch lebende Tiere verfüttert. Die Folge war der Rinderwahnsinn (BSE) bzw. die Creutzfeldt-Jakob-Krankheit. Menschen und Tiere mussten leiden unter dem rein ökonomischen Denken, bis der Zusammenhang zwischen Tiermehl und Krankheiten erkannt wurde. Ganz folgerichtig erließ die zuständige Behörde das Tiermehlverbot. Stattdessen verfütterte man fortan Sojaprodukte, deren Produktion Regenwald zerstört und Armut und Elend unter anderem in Brasilien hervorruft. Nun will man also das Tiermehl in einem beschränkten Bereich wieder zulassen: Geflügel an Schweine, Schweine an Geflügel. Die Begründung ist teils ökonomisch, teils ökologisch: Soja und andere Ersatzprodukte werden teurer und müssen von weit her importiert werden (60 Prozent Tierfutterimporte in der Schweiz), während hochwertiges Eiweiß vernichtet wird. Wenn man nur diese ökologischen und ökonomischen Zusammenhänge in Betracht zieht, kann man, wie bereits gesagt, der Forderung nach Wiederzulassung des Tiermehls in unbedenklichen Bereichen die Logik nicht absprechen.

Ebenso logisch scheint die Entscheidung des australischen Parlamentes, CO_2-Zertifikate auszugeben für jedes abgeschossene Kamel. Denn diese 1,2 Millionen Kamele rülpsen und furzen so viele schädliche Gase in die Luft wie 300.000 Autos pro Jahr. Die genannten Zertifikate könnten dann an Firmen im In- und Ausland verkauft werden, welche damit «Verschmutzungsrechte» erwerben. Man kann dieser Logik nur dann nicht zustimmen, wenn man den Klimawandel als Hirngespinst abtut (wie das heute immer noch viele tun). Doch wieder stehen hinter dem Problem unvernünftige Menschen, welche vor langer Zeit die Kamele als Nutztiere nach Australien brachten und dann verwildern ließen. Und wieder einmal stehen Geld und Kommerz dahinter. Man darf ruhig die Welt weiter verdrecken und verschmutzen, wenn man Zertifikate für die Tötung von Kamelen erwirbt.

In beiden Fällen gibt es aber übergeordnete Gesichtspunkte. Die vorgeschlagenen Lösungen sind einer einengenden ökonomischen Sichtweise verpflichtet. Das ökologische Argument wird ökonomisch missbraucht. Statt Tiermehl herzustellen und zu verfüttern, statt Regenwald abzuholzen und Soja als Tierfutter für europäische Fleischkonsumenten anzupflanzen, müsste der Fleischkonsum massiv reduziert werden, der hinter diesen ökonomischen Zwängen steht. Dies würde zu wirksamen Folgen für das Klima führen und die Tiermehlproduktion obsolet machen. Statt die Kamele zu töten, müssten die umweltschädigenden Autos von der Straße geholt und eine tierfreundliche Regelung der Fortpflanzung eingeführt werden.

5 Tierfabriken

Die genannte falsche Politik zeigt sich in besonders krasser Weise in den generell unwürdigen Zuständen in der Tierhaltung. Geflügel, Schweine und andere Tiere werden massenweise gehalten, ohne dass man sich um tiergerechte Maßnahmen oder gar um den Menschen kümmert. So beklagen sich weite Bevölkerungsteile in Niedersachsen über Schweinehaltungen, von denen man nur den erbärmlichen Gestank und den Nitratgehalt im Trinkwasser wahrnimmt. Die Tierfabriken jedoch werden hinter Hecken und Mauern versteckt.[14] Regelmäßig, wenn man im Interesse des Tieres Einsprache gegen die Massentierhaltung erhebt, wird man beschuldigt, den Beruf der Bauern zu gefährden und deren existenziellen Bedürfnisse zu missachten. Leider merken viele Bauern gar nicht, dass es uns um eine naturnahe Lebensmittelproduktion und also um eine gute und auch lebenserhaltende Landwirtschaft geht. Sie sehen auch nicht, dass sie zunehmend in die Abhängigkeit der industriellen Lebensmittelproduktion geraten. Diese industrielle Lebensmittelproduktion aber ist, da sind sich Klimafachleute einig, zum großen Teil schuld an der ökologischen Situation unserer Tage. Sogar der Agrarbericht der UNO fordert, auch angesichts der Lebensmittelkrise und der Begrenztheit unserer Erde, eine Rückkehr zu regionalen und naturnahen Produktionsabläufen.

Nachdenken über Massentierhaltung

Unter «Tierfabrik» versteht man eine Tierhaltung, bei der eine möglichst große Anzahl von Tieren auf einem kleinstmöglichen Raum zusammengepfercht sind.

Tierart	Folgen für das Tier
Masthühner	Entfaltung der Brustmuskeln, Verlagerung des Körperschwerpunktes mit der Folge eines erheblichen Druckes auf Füße, Beine, Herz, Lunge. 30 % der Masthühner humpeln, lahmen, können sich überhaupt nicht fortbewegen. Kreislauferkrankungen, Leibeshöhlenwassersucht, hohe Mortalität. Etwa 22 Tiere auf einem Quadratmeter zusammengepfercht, schmerzhafte Erkrankungen.
Mastenten	Auf strukturlosen perforierten Böden zu Tausenden zusammengepfercht, kein Tageslicht, keine Beschäftigungsmöglichkeit, kein Auslauf, keine Bademöglichkeit. Seien, gründeln und tauchen nicht möglich. Betäubungslose Kürzung der Oberschnäbel und der Krallen.
Puten	Ähnlich wie bei den Hühnern, zudem Atemwegserkrankungen, Nierenblutungen, Brustblasen. Durch hohe Besatzdichte aggressives Verhalten.* 10 Prozent überstehen die Strapazen nicht. Kadaver werden tagelang im Stall liegengelassen.

** Wegen des aggressiven Verhaltens werden bei Hühnern und Puten die Schnäbel gekürzt (Touchieren), was aber gegen das geltende deutsche Tierschutzgesetz verstößt. Doch lassen sich Landwirte immer wieder großzügige Ausnahmegenehmigungen erteilen. Diese Praxis soll in Niedersachsen bis 2015 verboten werden.*

Schweine	Häufige Verletzungen in Bein-, Rücken- und Schulterbereich. Liegenschwielen, Klauenverletzungen, Gelenkverdickungen und Lähmungen. Bei der Hälfte der Tiere deformierte Gliedmaßen, Magengeschwüre, Lungenschäden. Bei 57 Prozent Lebererkrankungen. Über 1 Mio. Schweine sterben jährlich qualvoll an degenerativen Muskelerkrankungen.
‹Pelz›-Tiere (Nerz, Fuchs, Chinchilla, Iltis ...)	Verhaltungsstörungen, Selbstverstümmelungen, oftmals schmerzvolle Tötung, um das Fell nicht zu beschädigen, Fußverletzungen wegen Gitterbögen.
Mastkaninchen	Durch enge Haltung Wirbelsäulenerkrankungen und Geschwüre an den Pfoten, Magen-Darm-Erkrankungen. Die weiblichen Tiere werden alle 4 bis 6 Wochen künstlich besamt. Sterberate 50 Prozent. Keinerlei Rechtsvorschriften zur Haltung von Kaninchen.
Kühe	Oft schmerzhafte Enthornung, übergroße Euter, Gehbehinderungen, Gelenkschäden, Schwäche, Zusammenbruch aus Erschöpfung.
Kälber	Frühe Trennung von der Mutter, Muskelschwäche aus Bewegungsmangel, Eisenmangel.
Allgemein	Verhinderung des der Tierart gemäßen Sozialverhaltens. Mangel an Beschäftigung. Virusanfälligkeit trotz Vorsorge durch übermäßige Verabreichung von Medikamenten.

Die rechtliche Bestimmung der Europäischen Union vom Mai 2007 sollte bis 2010 umgesetzt werden. Danach sollen auf einem Quadratmeter Stallfläche bis zu 30 Masthühner zusammengepfercht werden können, maximal 42 Kilogramm pro Quadratmeter. Nach Expertenmeinung dürfen jedoch höchstens 15 Tiere pro Quadratmeter platziert werden. Trotz fortschrittlichem Tierrecht und einer differenzierteren Betrachtungsweise, was Masthennen, Legehennen und deren verschiedene Altersgruppen betrifft, besteht in der Schweiz keine wesentliche Verbesserung gegenüber der EU. Fortschrittlichere Haltungsbedingungen sind durch verschiedene Labels gekennzeichnet, die durch Organisationen oder auf privater Basis umgesetzt sind. Die Verordnung des Deutschen Bundesrates im November 2006 brachte insgesamt keine wesentliche Veränderung für das Wohl der Tiere. So gibt es beispielsweise keinen vernünftigen Grund, für Luxusartikel Tiere einzusperren. Deshalb steht diese Verordnung im Widerspruch zum Tierschutzgesetz Deutschlands.

Entsprechend einer Umfrage der EU-Kommission in den Mitgliedsländern ist das Tierwohl in den meisten Ländern sehr wichtig: In Italien zum Beispiel bezeichnen insgesamt 87 Prozent der Befragten das Tierwohl als wichtig (10 Prozent) bis sehr wichtig (77 Prozent). Ähnliche Zahlen ließen sich für die anderen europäischen Länder nennen. Ganz offensichtlich steht das ökonomische und politische, aber auch das konkrete Verhalten des Verbrauchers im Widerspruch zu diesen Umfragen. Dasselbe Dokument nennt einige allerdings sehr abstrakte gute Kriterien für die Tierhaltung. Diese werden aber im Konkreten bei weitem nicht realisiert. Selbst in der Schweiz entspricht die praktische Tierhaltung oft nicht den gesetzlichen Vorgaben.

Quellen:

EU-Kommission Welfare Quality Science and society improving animal welfare, November 2005

ec.europa.eu/food/animal/welfare/survey/index_de.print.htm

www.dradio.de/dlf/sendungen/umwelt/1450975/

6 Angst und Stress der Tiere vor dem Schlachten

«Sagen, was wir tun, und tun, was wir sagen!» Unter diesem Motto berichtet Albert Baumann, der Unternehmensleiter der «Micarna», der Fleischproduktion der «Migros», einer schweizerischen Ladenkette, über die Schlachtmethoden der Firma. Diese nimmt für sich in Anspruch, seit vielen Jahren eine Vorbildfunktion ausgeübt zu haben – mit der Folge, dass «Schweizer Fleisch» heute einen sehr guten Namen hat. Im Schweinebereich, sagt der Referent bei der Nutztiertagung des Schweizer Tierschutzes (STS) vom 21. April 2011, sei Micarna «weltweit einzigartig». Und dann schildert Albert Baumann, wie der Schweinetransport in einen dunklen Raum gebracht wird, wo die Tiere «stressfrei» in einem dunklen Tunnel entladen werden. Dieser mündet in einem Lichtraum, dem die Tiere offenbar «frohgemut» entgegengehen. Von da aus gelangen sie in ein CO_2-Bad, in dem sie betäubt werden, eine Tötungsart übrigens, die umstritten ist, weil der Erstickungstod nach ca. 18 Sekunden erfolgt. Anschließend erfolgen dann das schmerzfreie Töten und schließlich die Schlachtung der

Schweine. Albert Baumann beendet seine Ausführungen mit der Bemerkung: «Wenn ich ein solches Leben und ein so schmerzloses Sterben gehabt haben werde, kann ich sagen, dass ich ein glückliches Leben hatte.»

In der nachfolgenden Diskussion wage ich eine freche Bemerkung. «Herr Baumann», sage ich, «Ihre Analogie zwischen dem Schwein und Ihnen stimmt doch wohl nicht. Stellen Sie sich vor, man täuscht Sie, um Sie zu töten und nachher zu essen. Was sagen Sie, wenn Sie die Analogie zu Ende denken?» Der Micarna-Chef ist etwas verdattert und zieht es vor, darauf nicht zu antworten.[15]

Die Frage, die bleibt, lautet: Merken die Tiere wirklich nichts? Ist der Schlachtvorgang wirklich so stress- und angstfrei, wie das Albert Baumann zu beweisen vorgibt? Denn immer wieder hören wir vom Gegenteil. Unter anderem ist auch darauf hinzuweisen, dass es immer wieder Tiere gibt, die auf dem Weg zum Schlachthaus ausreißen. Im Sommer 2011 wurde berichtet:[16]

> Muni flieht vor dem Metzger (SDA)
>
> Ein acht Monate alter Muni [schweizerdeutsch für Stier] hat am Montag im bündnerischen Thusis die Polizei, die Wildhut und Passanten in Atem gehalten. Das Kalb war am frühen Montagmorgen auf einem Anhänger zum Schlachthof in Cazis gefahren worden. Dort gelang es dem Stier, aus dem Anhänger zu springen und nach Thusis zu flüchten, wo er in einem Garten entdeckt wurde.
>
> Das Tier verhielt sich laut Polizeiangaben aber derart aggressiv, dass es nicht eingefangen werden konnte. Es lief in Richtung einer Migros-Filiale. Beim Migros-Gebäude krachte der Stier gegen eine Glastür, die in

> Brüche ging, und gelangte in einen Abstellraum neben dem Kundeneingang. Als Polizisten auf die Türe zugehen wollten, schoss der Muni aus dem Raum heraus und setzte die Flucht fort.
>
> Um keine Passanten zu gefährden, wurde das Kalb mit dem Patrouillenwagen zum nördlichen Dorfausgang von Thusis geleitet. Dort verschwand es im Wald und konnte kurz vor Mittag von einem Wildhüter erlegt werden. Das Kalb hatte auf seiner Flucht vor dem Schlachthof mehrere Personen attackiert, laut Polizei aber niemanden wirklich verletzt.

Das Tier wurde also erschossen. Dass es auch andere Lösungen gibt, zeigt eine ähnliche Geschichte: So floh im Jahre 2005 ein zehn Monate alter Stier vom Schlachthof in Baar in der Innerschweiz. Erst nach Tagen konnte er wieder eingefangen werden. Nandi, wie der Stier heißt, hat mit seiner Flucht ein großes Presseecho ausgelöst. Hans Vanja Palmers, ein christlicher Buddhist und Tierschützer, kaufte das Tier und brachte es auf seinen «Gnadenhof» auf die Rigi. Da wird er nun mit anderen geretteten Tieren gepflegt von der Franziskanerin Sr. Teresia.

Während der Niederschrift dieses Buches schafft es eine Kuh namens Yvonne in die Schlagzeilen. Ende Mai 2011 riss sie angesichts des Schlachthofes aus und entzog sich den Todesschützen. Inzwischen wurde sie von einem Tierschutzverein gekauft, damit sie nicht abgeschossen werden kann. Yvonne lebt seit 2011 auf dem Gnadenhof Gut Aiderbichl.[17]

7 Töten ohne Schmerzen

Moderne Staaten sind sich eigentlich einig: Ein Tier darf nur getötet werden, wenn es vorher betäubt wurde. So steht es zum Beispiel im deutschen Grundgesetz. Aber im gleichen Grundgesetz steht auch, dass Religionen in der Ausübung ihrer Überzeugung frei sein müssen. Da aber Juden und Muslime beim Schächten eine Betäubung angeblich nicht zulassen, gerät das Grundgesetz in einen inneren Widerspruch. Das deutsche Tierschutzgesetz lautet: «Ein warmblütiges Tier darf nur geschlachtet werden, wenn es vor Beginn des Blutentzugs betäubt worden ist.» Aber die Gerichte haben 2002 und 2006 Religionsgemeinschaften ausdrücklich von diesem Gesetz ausgenommen.

2008 strahlte das Zweite Deutsche Fernsehen (ZDF) ein Video aus, das diesen Widerspruch aufzeigt. Die Bilder der Sendung können nicht gleichgültig lassen. Sie zeigen mehrmals den minutenlangen qualvollen Todeskampf von Schafen. Die Tierärztekammer und andere Wissenschaftler kommen zur eindeutigen Aussage: Es handelt sich um Tierquälerei. Selbst bei optimalen Bedingungen kommt es, so das Gutachten, das Studien aus der ganzen Welt herangezogen hat, «zu erheblichen Leiden und Schmerzen». Horst Seehofer, der damalige Bundesminister, ist der gleichen Ansicht, meint aber, dass man das Schächtverbot nur schwer durchsetzen könne. Das betäubungslose Schächten nimmt in Deutschland von Jahr zu Jahr zu. Erstaunlicherweise verweist aber der Report auf ein islamisches Rechtsgutachten (Fatwa) aus der Türkei, das erklärt, ein Schächten mit vorheriger Betäubung verstoße nicht gegen den

Islam. Trotzdem ist das Schächtverbot in Deutschland kaum zu realisieren.

Ob es auch im Judentum eine ähnliche Tendenz gibt, die Betäubung vor dem Schächtvorgang zuzulassen? Ich suche im Internet und finde ein höchst interessantes Positionspapier von Dr. Hanna Rheinz[18] (Initiative Jüdischer Tierschutz) und auf ihrer eigenen Homepage Verweise auf weitere jüdische Stimmen, so auch auf jene von Dr. Sigi Feigel, des Ehrenpräsidenten der Israelitischen Kultusgemeinde in Zürich.[19] Ein Schächten mit vorheriger Betäubung wäre demnach von einem jüdischen Standpunkt aus möglich.

Auch in der Schweiz hatten wir vor einigen Jahren eine ähnliche Diskussion. Im Rahmen der Auseinandersetzung um die sogenannten «Ausnahmeartikel» in der Bundesverfassung, welche in einigen Punkten die Religionsausübung einschränkten (Klostergründungsverbot, Jesuitenverbot), wollte man dann auch das Schächtverbot aufheben. Eine entsprechende Vorlage des Bundesrates wurde zur Diskussion gestellt. Wer sich gegen das betäubungslose Schächten aussprach, war nicht nur den Vorwurf des Antisemitismus ausgesetzt, sondern wurde auch noch der Störung des religiösen Friedens in der Schweiz beschuldigt. In diese Situation hinein habe ich ein Positionspapier für die Schweizer «Aktion Kirche und Tiere» (AKUT) verfasst, deren Präsident ich bis heute bin.

1. Staunend stehen wir vor der Tatsache, dass das Judentum und der Islam das Tier mit einer großen Würde umgeben. Das Christentum kann von ihren beiden Schwesterreligionen nur lernen. So werden die Tiere im Schöpfungsbericht (Genesis 1,20ff) dem Menschen beigesellt.

Sie werden mit einem ähnlichen Segen bedacht wie der Mensch. Die Zehn Gebote (Deuteronomium 5,3) fordern vom Menschen, die Tiere gleicherweise in die Sabbatruhe einzubeziehen. Eine ähnlich große Stellung genießt das Tier auch im Islam.

2. Das Schächten ist in beiden Religionen ursprünglich ein Ausdruck der genannten Würde des Tieres. Auf dreifache Weise will das Schächten die Gewalt des Menschen gegenüber dem Tier eindämmen und die Ehrfurcht vor dem Leben zur Geltung bringen:

   Das rituelle Schlachten ist die einzig erlaubte Weise der Tiertötung. Damit sollen die Jagd und Ähnliches ausgeschlossen sein. Fleisch, das nicht rituell getötet wurde, darf nicht gegessen werden.

   Das Schächten selbst ist im Vergleich zu anderen archaischen Tötungsmethoden weniger schmerzvoll. Zudem bestehen genaue Vorschriften, die der Metzger einzuhalten hat, um das Leiden der Tiere möglichst gering zu halten.

   Das Ausrinnen des Blutes ist durch den Glauben begründet, dass man auf diese Weise nicht eigentlich tötet, sondern das Leben wahrt.

3. Von einem heutigen Standpunkt aus ist jedoch das Schächten nicht mehr die Schlachtmethode, die am wenigsten Leiden produziert. Die ursprüngliche Absicht des Schächtens wird also durch das Schächten gerade nicht mehr realisiert. Zudem handelte es sich früher in der Regel um Einzelschlachtungen und nicht um Massentötungen. Deshalb ist unseren Schwesternreligionen zuzumuten, entweder vom Schächten ganz abzusehen oder es nur dann zu tun, wenn durch eine vorausgehende Betäubung der Schmerz verkleinert bzw. aufgehoben wird.

4. Ganz allgemein müssen aber auch alle anderen Schlachtmethoden (Massenschlachtung, mechanische Tötung) dem gleichen Kriterium unterzogen werden. Als Menschen müssen wir realisieren, dass wir hier dem Geheimnis des Lebens gegenüberstehen, das letztlich unantastbar ist. Diesbezüglich wollen wir von unseren Schwesternreligionen lernen. Gerade das Auslaufenlassen des Blutes bei der Schächtung ist ja vom Bewusstsein getragen, dass das Leben der menschlichen Manipulation entzogen ist. Dies muss in einer Gesetzgebung zum Ausdruck kommen, die dem Schutz des Lebens verpflichtet sein will.
5. Ebenso dringlich muss dieses Anliegen in die Art und Weise der Tierhaltung hineingetragen werden. Wir müssen uns bewusst machen, dass die Tiere unsere älteren Geschwister sind. Nach dem oben genannten Schöpfungsbericht sind die Tiere gerade nicht die Ernährungsgrundlage des Menschen, sondern dem Menschen als Gegenüber beigesellt. Zwar vermögen sie nicht die ganze Sehnsucht des Menschen zu erfüllen; nur ein Mensch kann die wirkliche Ergänzung und Hilfe des Menschen sein. Dennoch sind die Tiere aufgrund der Schöpfungsgeschichte Wesen, die sich dem Zugriff des Menschen letztlich entziehen. Franz von Assisi sieht in ihnen darum Schwestern und Brüder.
6. Freilich leben wir auch nach der Bibel faktisch in einer Welt, in der die ursprüngliche Schöpfung verdunkelt ist. In einer solchen Welt sind die Tiere zur Nahrungsgrundlage des Menschen geworden. Aus verschiedenen Gründen muss aber der Fleischkonsum um ein Vielfaches reduziert werden:

   Der *Massenfleischkonsum* ist heute der größte umweltzerstörende Faktor.

Das *Gerechtigkeitsempfinden,* nach dem alle Menschen den gleichen Lebensstandard erreichen können müssen, verlangt eine radikale Umstellung der Ernährungsweise der Menschen.

Wir sind also gegen eine Aufhebung des Schächtverbots genauso, wie wir gegen das Leiden der Tiere bei Aufzucht, Haltung, Transport und unsere gängigen Schlachtmethoden sind. Wir sind dabei getragen von einer spirituellen und politisch wirksamen Motivation, die ursprünglich letztlich hinter dem Schächten steht.

Nachdenken über die Lebenserwartung von Nutztieren

Tierart	Natürliche Lebenserwartung	Lebensdauer als Nutztier
Huhn	10 Jahre	5–6 Wochen für Masthuhn, ca. 1½ Jahre für Lege- (ca. 300 Eier im Jahr) bzw. Suppenhuhn, wenige Augenblicke für männliches Küken bei Legehühnern
Schwein	21 Jahre	5 Monate, 2–3 Jahre für Zuchtschwein
Rind	20–30 Jahre	3–5 Monate für Kälber, 8–10 Monate für Jungrind, 4–5 Jahre für Milchkuh, 18–20 Monate für Stier
Schaf	20 Jahre	6 Monate für Lamm
Truthahn	15 Jahre	2–3 Monate
Ente	15–20 Jahre	3–4 Monate
Gans	35–40 Jahre	einige Monate
Kaninchen	10 Jahre	10–12 Wochen

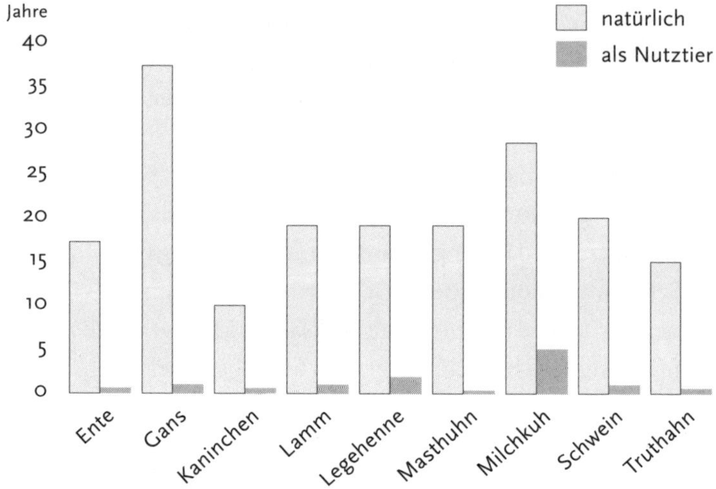

Quelle:

Verein für Vegetarismus
www.vegetarismus.ch/heft/2004-2

8 Tiertransport

Bei der bereits erwähnten Nutztiertagung im April 2011 sprach auch der Präsident des Schweizerischen Nutzfahrzeugverbandes, Carlo Schmitt, über die Tiertransporte. Interessant war der Einstieg. Er meinte, dass die Tiertransporteure vor zwanzig Jahren einer solchen Einladung durch den Tierschutz nicht gefolgt wären. Ebenso hätte der Tierschutz auch keine Einladung an die Tiertransporteure geschickt. Gegenseitige Feindschaft hätte vorgeherrscht. Inzwischen hätten sich die Zeiten geändert. Eine konstruktive Diskussion hätte zu wesentlichen Verbesserungen geführt. Die Transporteure hätten erkannt, dass sie schon aus eigenem Interesse dem Wohl des Tieres verpflichtet sein müssen. Sie könnten es sich nicht mehr leisten, dieses zu vernachlässigen, ohne eine erhebliche Schädigung ihres Rufes in Kauf zu nehmen.

Ganz anders in der großen weiten Welt. Die Deutsche Welle zeigte 2009 einen Film[20], der eigentlich alle erschrecken müsste. Jedes Jahr transportiert Australien vier Millionen Schafe in den arabischen Raum. Ein einziges Schiff ist mit 100.000 Schafen beladen, drei Schafe auf einem Quadratmeter. Die Fahrt dauert 32 Tage. Jährlich sterben auf diesen Schiffen 37.000 Schafe an Hunger und Durst, viele werden krank, ihr Fleisch ist oft vergiftet und seine Qualität minderwertig. Zudem werden sie dem Schächten unterworfen, das – wie bereits angesprochen – auch nicht dem Tierwohl entspricht. An dieser Stelle wird deutlich, wie sehr kulturelle und religiöse Faktoren beim Leiden der Tiere eine Rolle spielen können. Unter allen Aspekten ist dieser Tiertransport nicht tiergerecht, sagt Dr. Reinhard Fries, Professor für Fleischhygiene und Fleischtechnologie an der Freien Universität Berlin.

Im gleichen Video ist auch von innereuropäischen Tiertransporten die Rede. Vierzig Stunden lang sind Pferde aus Spanien, Rumänien und Polen nach Italien unterwegs, wo sie in schrecklichem Zustand eintreffen. Seit 2005 gibt es zwar eine gesetzliche Regelung der Europäischen Union, aber sie wird bis heute kaum eingehalten, wie mehrere Dokumentarfilme beweisen. Vor allem bemüht sich diesbezüglich die Tierschutzorganisation «Animals' Angels» um eine Verbesserung beziehungsweise Abschaffung der Langzeittransporte von Tieren. Ihre Internetseite[21] und ihre Filme beweisen einerseits die schreckliche Realität der Tiertransporte und anderseits das bewunderungswürdige Engagement der Organisation und vieler einzelner Personen, welche «bei den Tieren sind», wie sie sagen, und deren Interessen gegenüber Transporteuren, Tierärzten, Zöllnern und Polizisten vertreten und erkämpfen, manchmal sogar unter Lebensgefahr. Sie sind geleitet von den fünf «C», wie sie von ihrer Gründerin, der evangelischen Pfarrerin Christa Blanke, formuliert wurden:

Compassion: Mitgefühl
Commitment: Einsatz, Hingabe
Confidence: Vertrauen
Cooperation: Zusammenarbeit
Courage: Mut.

Ihre Arbeit, die zunehmend Wirkung zeigt, beschreibt die Organisation wie folgt:

> Wir
> *begleiten* die Tiere auf dem Weg bis zur Schlachtung,
> *bekämpfen* Missbrauch, Quälerei und Ausbeutung,
> *informieren* die Öffentlichkeit über Missstände bei den Transport- und Schlachtbedingungen.
>
> *Wir bestätigen nur, was wir selbst gesehen haben.* Deshalb gelten unsere Informationen als zuverlässig und seriös.
>
> Die Teams recherchieren vor Ort in Schlachthöfen, Häfen, Versorgungs- und Grenzstationen, auf Tiermärkten und sind auf den Straßen Europas mit den Transportern unterwegs.
>
> *Die Resultate der Einsätze* werden durch Berichte, Fotos und Videoaufnahmen dokumentiert und an die zuständigen Behörden weitergegeben, um Beschwerden einzulegen, Anzeigen zu erstatten oder weiterführende

Maßnahmen zu erreichen. «Animals' Angels» arbeitet weltweit mit Tierschutzorganisationen zusammen und steht in ständigem Kontakt mit Veterinärbehörden und der Polizei.

Nachdenken über Tiertransporte

«Weltweit werden rund 50 Milliarden Tiere (Wassertiere ausgenommen) jährlich für den Verzehr geschlachtet. Jedes Tier wird hierfür mindestens einmal transportiert. Diese Zahl betrifft nur die erfassten Tiere – die tatsächliche Zahl dürfte weitaus höher liegen.

Die Transportstrecken ziehen sich über den gesamten Globus. Zwischen Herkunfts- und Bestimmungsland liegen oft tausende Kilometer über Land und Meer. Die Tiere sind großen Strapazen ausgesetzt. Betroffen sind: Rinder und Kälber, Pferde, Esel, Schafe und Lämmer, Schweine und Ferkel, Kaninchen, Hühner, Puten, Enten, Gänse, Fische, Meerestiere, Tiere, die für Tierversuche bestimmt sind, Zoo- und Zirkustiere, Hunde, Strauße, Exoten.

Sämtliche Transportmöglichkeiten werden genutzt: Lkw, Bahn, Schiff und Flugzeug, in manchen Ländern auch Pkw und Fahrrad. Die Transporte entsprechen häufig nicht den gesetzlichen Vorgaben. Selbst bei Einhaltung der Gesetze sind die Leidenswege der Tiere unvorstellbar» (Animal's Angels).

Jährlich werden auf den Straßen Europas über 360 Millionen Tiere transportiert.

Tiere	Transportstrecke	Kilometer	Dauer
Rinder (für Zucht)	Niederlande – Teneriffa	2900	95 Stunden
Rinder (für Zucht)	Frankreich – Sibirien	7000	???
«Schlacht»-Pferde	Weißrussland – Sardinien	3100	156 Stunden
«Schlacht»-Schafe	Spanien – Griechenland	3300	80 Stunden
«Schlacht»-Frösche	Türkei – Frankreich	2000	39 Stunden
«Schlacht»-Rinder	Spanien – Sizilien	2500	64 Stunden
«Schlacht»-Rinder	Deutschland – Triest/Sète Triest/Sète – Libanon	1800 Straße + Schiff	28 Stunden + 6–8 Tage
Mastkälber für weißes Kalbfleisch	Deutschland – Vic/Spanien	1900	25 Stunden
«Schlacht»-Ferkel	Deutschland – Sardinien	1800	46 Stunden
«Schlacht»-Schweine	Niederlande – Bosnien	1800	30 Stunden
«Schlacht»-Pferde	Rumänien – Bari/Italien	2400	59 Stunden

Zahlenbeispiele **Deutschland 2010:**

Deutschland führte **4.711.885 «Schlacht»-Schweine** ein, aus 15 verschiedenen Ländern. Gleichzeitig führte

Deutschland **rund 910.092 «Schlacht»-Schweine** aus, in 15 verschiedene Länder.

2010 führte Deutschland **63.509 lebende «Schlacht»-Rinder** ein, aus 11 verschiedenen Ländern. Gleichzeitig führte Deutschland **rund 35.289 lebende «Schlacht»-Rinder** aus, in 13 verschiedene Länder. Davon wurden 3716 Tiere in den Libanon transportiert.

2010 waren in der ersten Jahreshälfte mindestens 19.751 Tiere auf Transportern an Unfällen beteiligt: 2673 Schweine, Ferkel 940, 12.100 Hühner, 46 Rinder, 135 Kälber, 24 Jungbullen, 3 Stiere, 2960 Puten, 800 Ratten, 70 Lämmer.

Mindestens 6532 Tiere wurden beim Transport getötet: 644 Schweine, 3 Ferkel, 5600 Hühner, 30 Rinder, 4 Kälber, 1 Jungbulle, 250 Puten.

Mindestens 31 Tiere wurden beim Transport verletzt: 1 Ferkel, 30 Schweine. (Stand 16. Juli 2010)

Das **Schweizer Tierschutzgesetz** legt in Art. 15 fest: «1. Tiertransporte sind schonend und ohne unnötige Verzögerung durchzuführen. Die Fahrzeit ab Verladeplatz beträgt höchstens sechs Stunden. Der Bundesrat erlässt die Ausnahmebestimmungen. 2. Er regelt nach Anhörung der Branchenorganisationen die Anforderungen an die Aus- und Weiterbildung des mit dem gewerbsmäßigen Transport betrauten Personals.»

Quellen:

Animals' Angels,
www.animals-angels.de.
Bundesministerium für Ernährung, Landwirtschaft und Verbraucherschutz
www.bmelv-statistik.de/index.php?id=139&stw=Fleisch
Tabellen Nummer AHB-0033110-2010 und AHB-0033120-2010

9 Alles andere ist Beilage?

Ich sitze vor dem Fernseher, um mir einen Krimi zu gönnen. Vorher aber muss ich mich gründlich ärgern. Denn da dreht sich vor meinen Augen ein knuspriges Brathuhn; man hört, wie es in eine fast schon meditative Stille hinein brutzelt. Und dann kommt eine Stimme: «Diese Werbepause wurde ihnen offeriert durch Schweizerfleisch. Alles andere ist Beilage.» Mit der Zeit weiß ich, dass das Poulet austauschbar ist. Einmal ist es ein Hase, einmal ein Steak oder eine Wurst.

Eine ähnliche Einstellung hat auch die teure Reklame der Schweizer Lebensmittelkette «Coop», die zum Nationalfeiertag ähnliche Bilder in das Land schickt und so tut, als ob nur ein Stück Fleisch die Qualität des Essens garantiert.

Nichts zeigt so sehr wie diese Werbespots, wie sehr sich unser Leben in den letzten fünfzig Jahren verändert hat. Damals war das Fleisch die festliche Beilage, das Hauptgericht bestand aus anderem. Die Nebensache ist zur Hauptsache geworden, die Beigabe zum Einzigen, was zählt. Dabei blieb die Kochkunst auf der Strecke. Das Fleisch ist das Wesentliche, alles andere ist nicht so wichtig.

Kein Wunder, dass der Fleischkonsum immer noch zunimmt, und zwar weltweit, weil ganze Kontinente mit großer vegetarischer Tradition zum globalisierten Fleischmarkt wechseln, aber auch bei uns in Europa.

Zwar gibt man sich hierzulande Mühe, die Biofleischsparte zu vergrößern, also den qualitativen Aspekt des Fleischkonsums zu betonen. Unsere Verkaufsketten suchen sich darum im Bio-Bereich zu profilieren. Bei der mehrfach genannten Nutztiertagung des Schweizer

Tierschutzes (STS) 2011 zeigte der Vertreter von Coop, der in diesem Bereich in der Schweiz Marktführer ist, wie sehr das Biofleischangebot von Jahr zu Jahr steigt. Die Zahlen sind eindrücklich. Selbstverständlich muss Coop aus ökonomischen Gründen das Ziel haben, das Angebot auch in Zukunft zu vergrößern. Die Vertreterin der «Erklärung von Bern» jedoch, einer unabhängigen entwicklungspolitischen Organisation in der Schweiz, stellt zu Recht die Frage, ob damit nicht ein Zielkonflikt gegeben sei. Denn aus den unterschiedlichsten Gründen (Hunger, Bevölkerungszunahme, Klima, Tierethik ...) müssten wir den Fleischkonsum massiv senken. Inzwischen hat die Organisation eine Kampagne gestartet, mit der sie die Halbierung des Fleischkonsums in der Schweiz erreichen will. Nachstehend ein Auszug der Kampagne (wobei für Nicht-Schweizer Leserinnen und Leser gesagt sei: Ein «Märkli» ist ein kleiner Text in der Größe einer Visitenkarte).

Märkli-Bogen (2011)

In der Schweiz essen wir pro Jahr über 400.000 Tonnen Fleisch – 1 Kilo pro Woche und Person. Dafür importieren wir Fleisch und Unmengen an Tierfutter. Die Produktion hat verheerende Auswirkungen im globalen Süden; Menschen werden von ihrem Land vertrieben, Pestizide sowie Dünger vergiften Wasserläufe und Boden, und der Regenwald wird weiter abgeholzt.

Halbieren Sie Ihren Fleischkonsum, damit die Ressourcen für alle reichen.

Besonders gerne essen wir Fleisch in Restaurants. Bitten Sie Ihre Lieblingsrestaurants, fleischlose und fleischarme Menüangebote zu vergrößern, damit der Verzicht auf Fleisch zum Genuss wird.

Hinterlegen Sie mit der Rechnung oder dem Trinkgeld im Restaurant ein Märkli: «Mein Wunsch an Sie: Ich komme gerne in Ihr Restaurant. Allerdings wünsche ich mir ein größeres Angebot an fleischarmen oder vegetarischen Menüs.»[22]

Nachdenken über Fleischkonsum

Nach Angaben der Ernährungs- und Landwirtschaftsorganisation der Vereinten Nationen (FAO) ergibt sich folgende Statistik für Fleischproduktion und Fleischkonsum:

Fleischproduktion in Tonnen Fleischkonsum pro Person und Jahr in Kilogramm	1995	2007/2005	Zuwachs pro Jahr (in Prozent)
Weltweit Fleischproduktion	206.853.000 t	285.700.000 t	2,7 %
Fleischkonsum (Person pro Jahr)	35,7 kg	41,2 kg	1,5 %
Industrieländer Fleischproduktion	99.572.000 t	110.250.000 t	0,9 %
Fleischkonsum (Person pro Jahr)	77,3 kg	82,1 kg	0,6 %
Entwicklungsländer Fleischproduktion	107.281.000 t	175.450.000 t	4,2 %
Fleischkonsum (Person pro Jahr)	24,0 kg	30,9 kg	2,6 %

Deutschland Fleischproduktion	5.822.000 t	7.053.000 t	1,6 %
Fleischkonsum (Person pro Jahr)	83,2 kg	83,3 kg	0 %
Österreich Fleischproduktion	874.000.000 t	854.000.000 t	2,0 %
Fleischkonsum (Person pro Jahr)	106,3 kg	109,1 kg	0,3 %
Schweiz Fleischproduktion	448.000 t	449.000 t	0 %
Fleischkonsum (Person pro Jahr)	73,6 kg	72,3 kg	-0,2 %

Diese Zahlen stammen aus den Jahren 1995 bzw. 2005. Selbstverständlich haben sich diese Zahlen bis August 2011 verändert. So gibt «Proviande» für die Schweiz einen Fleischkonsum von 52,38 Kilogramm im Jahre 2009 an. Ähnliche Entwicklungen haben sich in den anderen Ländern ergeben.

«Die Welternährungsorganisation der UNO prognostiziert, dass sich der Fleischkonsum bis ins Jahr 2050 auf 465 Mio. Tonnen verdoppeln wird. Trotz unterschiedlicher Wachstumsraten sind die weltweiten Unterschiede nach wie vor markant: In der Region der Sub-Sahara soll sich der Konsum von 11 auf 22 Kilo Fleisch pro Person und Jahr verdoppeln. In Europa und den USA ist die Steigerung zwar viel geringer, der Durchschnittskonsum dafür umso höher: Er steigt voraussichtlich von 83 auf 89 Kilo» (Erklärung von Bern).

Quellen: *FAO, The State of Food and Agriculture, S. 125ff; www.fao.org/docrep/012/i0680e/i0680e.pdf; www.evb.ch/p19305.html*

Nachdenken über Futtermittel

Bei der Betrachtung des Fleischkonsums müssen auch die Futtermittel in Betracht gezogen werden.

Gemäß «Germanwatch» hat sich der **Futtermittel-Import** der EU-27 in den verschiedenen außereuropäischen Wirtschaftsräumen zwischen 1999 und 2007 **mehr als verdoppelt** (von ca. 29 auf ca. 69 Millionen Tonnen), während der Export an Futtermitteln gesunken ist (von ca. 12 auf ca. 9 Millionen Tonnen). Der Verbrauch von Sojaschrot hat sich nach der gleichen Quelle zwischen 1992 und 2004 um ca. 11.000 Tonnen vermehrt (von 20.000 auf 31.000 Tonnen). Die Sojaproduktion in Brasilien hat sich im gleichen Zeitraum mehr als verdoppelt (von 20.000 auf 50.000 Tonnen.) Auch die Anbaufläche für Soja ist im gleichen Zeitraum verdoppelt worden. Da im Jahre 2000 die BSE-Krise eine Umstellung von tierischen (Tiermehl) auf nichttierische Futtermittel notwendig machte, ist diese Entwicklung gut zu verstehen.

Infolgedessen wurden **große Teile des klimatisch notwendigen Regenwaldes** und damit auch Lebensräume für Tiere und Menschen zerstört, um Soja als Futtermittel anzubauen. Kleinbauern wurden vertrieben und ins Elend gestürzt.

Das **Futtermittelangebot in der Schweiz** beträgt insgesamt 8,4 Mio. Tonnen. Bei 89 Prozent der in der Schweiz eingesetzten Futtermittel handelt es sich um inländische Produkte (Futtergetreide, Raufutter wie Gras und Heu, Silage, Mais, Kartoffeln etc.). Der Importanteil bei den Futtermitteln beträgt nur 11 Prozent, vorwiegend in Form von Kraftfutter. Es erfolgte in den letzten Jahren eine Zunahme dieser Importe. Verursacht wurden die Mehreinfuhren durch die dramatisch gesunkene Futtergetreideinlandproduktion und durch das Verfütterungsverbot von tierischem Eiweiß. «Selbstversorgungsgrad ist Augenwischerei. Laut Statistik liegt der Selbstversorgungsgrad für Fleisch in der Schweiz bei 76 Prozent. Das ist allerdings nur die halbe Wahrheit. Damit wir so viel Fleisch produzieren und essen können, importiert die Schweiz nämlich jährlich 250.000 Tonnen Soja zu Futterzwecken. Würde die Schweiz dieses Futter selber produzieren, müsste sie die bestehende Ackerfläche verdoppeln» (Erklärung von Bern).

Es fällt auf, dass die Angaben zur Selbstversorgung differieren. Das hat wohl damit zu tun, dass diese unterschiedliche Jahren betreffen. Auf jeden Fall ergibt sich die Notwendigkeit einer neuen Agrar- und Viehwirtschaft.

Quellen:
www.germanwatch.org (Reichert 2009)
www.vsf-mills.ch/desktopdefault.aspx/tabid-114
www.evb.ch/p19305.html

10 Was ist extrem?

Was für ein Paradies ist doch dieser Weiler, ein paar Minuten von einem See entfernt auf einer kleinen Anhöhe gelegen, ein altes Schloss und darum herum schöne, zum Teil alte Häuser. Freilaufende Pfauen und Kaninchen, in großen Gehegen: mehrer Hähne, viele Hühnerrassen, Enten, … Überall gebastelte Symbole, Schnickschnack. Stille und Ruhe. Kein Mensch in Sicht. Unter einem Dach: neugierige Schwalben, die uns betrachten.

Wir betreten den Innenhof des Schlosses. Große Linden, gepflegter Rasen, Rosen- und Blumenbeete, Steinanlagen, ein Spiralweg, der in ein Inneres führt. Schöner Ausblick, lauschige Lauben, eine alte Kapelle. Aber auch da allerlei Gestecke und Gehänge: Herzen, Flügel, teilweise beschriftet: Göttin der Liebe, Göttin der Bescheidenheit, jede Menge Göttinnen, Kybele und andere, Runen, Froschfiguren auf dem Tabernakel der Kapelle. Laut Internet hätten früher kranke Frauen selbstgemachte Froschfiguren an diesen Ort gebracht. «Schade», sage ich zu meiner Begleiterin, «da muss man ja mehr glauben als in der katholischen Kirche. Eine esoterische Welt». «Ja», sagt sie, «eine Spiegelung unserer Gesellschaft. Nimmst du nicht dies, so nimm halt das!»

Auf der Suche nach einer Ansprechperson (wir hatten uns angemeldet!) stoßen wir schließlich auf eine eilig wirkende Frau und stellen uns vor. Sie ist offensichtlich weder auf Kirche noch auf Tierschutz gut zu sprechen. «Ich habe meine eigene Philosophie», sagt sie, «wenn alle so lebten wie wir hier, dann hätten wir keine Probleme in der Welt. Tierschutz – das sind alles extreme Leute; was die uns an den Kragen gingen, als wir noch Schweine hielten.» Unterdessen betreibt die Liegenschaft keine Tierwirtschaft mehr. «Die kleinen Tiere – das ist mein Hobby. Wir haben heute eine reine Ackerwirtschaft.» Wie wir an Plakaten sehen können, führt der Ehemann durch seine Äcker und Felder und hält Vorträge, um eine naturnahe Bewirtschaftung aufzuzeigen. «Extrem!» werden viele sagen.

Unser Weg führt dann weiter zu einem «Demeter»-Hof. Ein freundliches und zufriedenes Ehepaar zeigt seine Liebe zum Land und zu den Tieren. «Wir sind für sie da, sie für uns!», sagt er, die Frau fügt hinzu:

«Die Tiere lieben uns, und wir lieben sie!» «Und es ist ein schöner Gedanke, dass die, die wir liebten, in uns weiterleben. Warum sollten wir sie nicht essen dürfen, nachdem wir ihnen ein gutes Leben ermöglicht haben?», fragt der Bauer. «Vegetarismus ist kein Weg für uns, das ist zu extrem!», fügt er hinzu, «aber es ist ganz offensichtlich, dass wir weniger, aber dafür besseres Fleisch essen müssen. Zudem: wie sollten wir ohne unsere Kühe und ihren Dung das Land fruchtbar halten? Wir müssen in der Region und aus der Region leben, im Interesse der Welt», sagt er, und fügt hinzu: «Die konventionellen Bauern kommen je länger je mehr in Existenznot. Sie sind zu bedauern.»

Die Kühe tragen ihre Hörner. «Es besteht ein offensichtlicher Zusammenhang zwischen Hornwuchs einerseits und Futter und Milchqualität anderseits», sagt er. Wir verkaufen unsere Produkte auf dem Markt der Stadt. Sie sind alle nach den strengsten ‹Demeter›-Regeln hergestellt, biologisch-dynamisch. Alles ist höchste Qualität!» Der Hof leistet Pionierarbeit, zum Beispiel mit seinen «Zweinutzungshühnern». Konventionelle Hühnerzucht unterscheidet zwischen Masthühnern und Legehennen. Zur Mast eignen sich männliche und weibliche Küken, zur Legehenne nur Weibchen. In der Folge werden die meisten männlichen Küken umgehend getötet. Bei der Hühnerzucht mit «Zweinutzungshühnern» werden die männlichen Küken nach dem Schlüpfen nicht getötet, sondern ebenfalls aufgezogen und nach 15 bis 25 Wochen geschlachtet und als «Junghähne» zum Verzehr verkauft. Die Hennen dürfen sich mehrmals mausern, das heißt eine mehrwöchige Legepause einlegen und das Federkleid wechseln; sie leben hier bis zu dreimal länger als übliche Legehennen.

Zufrieden gehen wir vom Hof. Wir werden hier zusammen mit der Pfarrgemeinde einen Adventsgottesdienst im Stall feiern. Wir werden zu zeigen versuchen, wie Lebensmittel etwas zu tun haben mit der Lebensfülle, die Gott verheißt. In unserem Gespräch kommen wir auf das Thema Fleischkonsum zurück. Wir sind uns bewusst, dass extreme Tierschützer den absoluten Vegetarismus fordern. Aber, was ist «extrem», fragen wir uns gegenseitig. «Konventionelle Bauern» werden die «Demeter»-Regeln für extrem halten (aber was ist «konventionell?» – so lange produziert die Landwirtschaft noch nicht nach der Maßgabe der industriellen Lebensmittelherstellung!). Und Veganer, die ausschließlich pflanzliche Nahrung zu sich nehmen, sind für Vegetarier, die kein Fleisch, aber Eier und Milchprodukte essen, extrem.

Aber so kommen wir nicht weiter. Warum nicht miteinander Ziele erstreben? Jeder und jede muss doch willkommen sein, wenn es um die Bewahrung der Schöpfung und die Würde der Tiere geht. Dann kann man miteinander diskutieren, was denn der beste Weg ist, dieses Ziel zu erreichen. Und kann doch wirklich auch akzeptiert werden, wenn jemand in den Konsequenzen mehr oder weniger radikal ist.

Schwester Françoise von der evangelischen Kommunität in Grandchamp erzählt: «Wir essen während der Woche nie Fleisch, weil wir uns der Gewaltlosigkeit verpflichtet fühlen.» Vor mehr als dreißig Jahren sei das Ehepaar Jean und Hildegard Goss-Meyer bei ihnen zu Gast gewesen, weltbekannte Propheten der Gewaltlosigkeit und des Friedens. Die Schwestern hätten damals aus ihrem Garten alles herausgeholt, was herauszuholen war. Die Begegnung mit den beiden hätte sie dann aber zur Einsicht gebracht, dass sie gewalttätig und aggressiv mit der Schöpfung umgingen. Von da an, lange noch bevor man in der Gesellschaft davon sprach, hätten sie auf biologischen Gartenbau umgestellt. Respekt vor dem Leben und Gewaltlosigkeit seien dann in ihre Gelübde eingegangen. Seither würden sie auch nur noch am Sonntag Fleisch essen (was aber bei vielen Schwestern ein schlechtes Gewissen hinterlässt).

11 Gleichgewicht

Oft, wenn ich über spirituelle und ethische Aspekte im Verhältnis zum Tier spreche, kommt die Frage auf: «Ich bin Gärtnerin, was mache ich denn mit der Schneckenplage in meinem Hausgarten?» Ich kann die Frage sehr gut verstehen. «Ich kann Ihnen», sage ich, «darauf keine einfache Antwort geben, ich muss Ihnen zwei Dinge sagen: Unmittelbar haben Sie ein Problem, das Sie lösen müssen. Die Schnecken müssen bekämpft werden. Aber verwenden Sie bitte kein Gift, denn das wird auch anderen Tieren schaden. Ich kenne eine Frau, die die Schnecken in Kesseln weit wegträgt, wo sie niemandem mehr schaden können. Zu meinem Erstaunen sammelt die gleiche Frau Weinbergschnecken und legt sie in ihren Garten. Sie würden die Gelege der anderen Schnecken fressen, sagt sie. Auf jeden Fall greifen Sie zu einem Mittel, das möglichst wenig Gewalt enthält und wenig Leid bewirkt. Aber wissen Sie, muss ich jetzt hinzufügen, die Schneckenplage in Ihrem Garten ist bereits ein Symptom für einen Garten, der nicht im Gleichgewicht ist. Dabei können verschiedene Gründe eine Rolle spielen:

Nachbarschaftliche Einflüsse, ungeschickte Anpflanzungsart. Deswegen müssen Sie langfristig denken und die Art und Weise, wie Sie gärtnern, möglicherweise umstellen.»

Tatsächlich hat bei einer unserer Veranstaltungen ein Gärtner gesprochen, der seit dreißig Jahren einen paradiesischen Garten hat. Er weiß um die Tatsache, dass man mit der Natur den Garten gestalten muss, nicht gegen sie. Die Natur ist ein biologisches System, in dem sich «Feinde» und «Freunde» gegenseitig austarieren. Der «Naturschutzbund Deutschland» (NABU) bietet auf seinem Internetportal eine ganze Reihe von Maßnahmen an, mit denen Schnecken und auch andere «Schädlinge» nachhaltig bekämpft werden können.

Wir sehen hier an einem kleinen Ort, wie der Mensch die Natur aus dem Gleichgewicht bringt. Ich erinnere mich an einen Münsteraner Bauern, der mir einmal ein Marienkäferchen gezeigt hat. «Schauen Sie unser Problem. Wir haben eine Kartoffelkäferplage. An sich würden solche Marienkäferchen das beste Mittel dagegen sein. Aber mit der Düngung und mit dem Giftspritzen haben wir auch diese kaputt gemacht.» Oder: Vögel gegen Insekten, Insekten zur Remineralisierung organischer Stoffe oder im Dienste der Reproduktion von Blumen und Pflanzen. Alles steht zu allem in Beziehung. Erst wenn das Gleichgewicht dieses Netzes gestört ist, haben auch wir Menschen Probleme.

Denken muss ich an Pier Paolo Pasolinis Freibeuterschrift «Vom Verschwinden der Leuchtkäferchen» (Neuausgabe Berlin 1998). Darin stellt der Autor fest, dass wir durch einen Systemwechsel die «Kultur des Brotes» beendet haben. Er versteht darunter eine Ökonomie, deren höchstes Ziel darin besteht, für alle Menschen Brot bzw. die Lebensgrundlagen herzustellen. Eine solche Ökonomie dient nicht nur dem Leben der Menschen, sondern auch den übrigen Lebensformen. Nun aber habe sich die Ökonomie ein anderes Ziel gegeben. An die Stelle der Broterzeugung sei die Geldanhäufung getreten, an die Stelle des geteilten Brotes die Gier, die alles verbraucht, der Konsumismus, die Verkommerzialisierung, die meint, dass alles in Geld aufzurechnen sei.

«Zurück zur Natur!» scheint heute auf eine andere Weise ein notwendiges Postulat zu sein.

12 Wirtschaftlichkeit

Die tierliebende Ärztin lebt in der Nachbarschaft mit Bauern und hat sich eine Kuh gekauft. Diese heißt «Flöckli» und steht mit anderen Kühen in Nachbars Stall. Die Ärztin sieht in der Kuh ganz allgemein ein zivilisationsförderndes Wesen. «Was alles verdankt ihr doch der Mensch von heute?», fragt sie rhetorisch.

«Flöckli» bringt zwar drei Kälber, einmal sogar Zwillinge, zur Welt, aber ihre gesundheitliche Entwicklung ist negativ. Ob das Futter eine Rolle spielt oder die Umstellung von einer Landschaft auf die andere, kann nicht gesagt werden. Jedenfalls bilden sich immer wieder Abszesse an einer Zitze des Euters der geliebten Kuh, und das erfordert vermehrte Pflege. Mit der Zeit zeigt sich ihre Erkrankung an wechselnden Zellwerten in der Milch. Sie wird auch nicht mehr trächtig. Die Ärztin, die in ihrer Praxis Antibiotika nur sparsam einsetzt, vermutet eine Penizilinresistenz.

Allmählich kommen der Bauer, bei dem «Flöckli» im Stall steht, und der behandelnde Tierarzt zur Überzeugung, dass die Kuh wirtschaftlich nichts mehr bringt und deshalb geschlachtet werden muss. Doch die Ärztin hält dagegen und konsultiert zwei andere Tierärzte, die sie in ihrer Haltung bestärken. Doch dann kommt der Tag, an dem der Bauer ihr mitteilt, dass das Tier anderntags zum Schlachthof gebracht werden soll.

«Ist denn die Wirtschaftlichkeit der einzige Grund, um ein Tier am Leben zu erhalten?», fragt sie, «bin ich denn sentimental?» Sie sieht im ausgesprochenen Todesurteil ein Signal für die Ökonomisierung des ganzen Lebens. Sie sucht nach einer Lösung. Doch der Bauer meint, dass das Tier in seinem Zustand aus Tierschutzgründen nicht in einen anderen Kanton transportiert werden darf.

Die Ärztin jedoch hat eine Lösung gefunden. Sie bringt «Flöckli» auf einen «Gnadenhof», deren Inhaberin offensichtlich ein gutes Händchen hat. Inzwischen ist die Kuh mehr oder weniger gesund und trächtig. Es geht ihr gut. «‹Gnadenhof› – ein Wort, das ich nicht mag. Denn ‹Flöckli› erbringt ja wieder ihre Leistung und ist eine vollwertige Kuh.»

Auf dem sehr gut geführten «Gnadenhof» lebt übrigens auch «Emma», eine Kuh, deren Schicksal ebenfalls bereits entschieden war. Doch auf Drängen seiner Tochter wird sie von einem Universitätsprofessor gekauft und in die Obhut des genannten Hofes gegeben.

Darf man, so stellt sich die Frage, die Existenzberechtigung lebendiger Wesen einzig an der Wirtschaftlichkeit messen? Und hat dieses Denken nicht bereits auf den Menschen übergegriffen? Wird sein Wert zum

Beispiel bei medizinischen Behandlungen nicht bereits nach dem bemessen, was er in wirtschaftlicher Hinsicht noch erbringen kann?

Ebenso bedenklich ist die Wegwerfmentalität auch im Tierbereich. Wenn man einen Hund oder Katze nicht mehr braucht, werden sie ausgesetzt oder ins Tierheim abgeschoben.

Nachdenken über die Arbeit der Tierschutzvereine

Deutscher Tierschutzbund

«Rettet die Tierheime! Die Tierheime leisten Tag für Tag praktische Tierschutzarbeit, zum großen Teil ehrenamtlich, damit Tiere eine Chance auf ein besseres Leben bekommen. Tierheime sind Tierschutzeinrichtungen – sie verstehen sich nicht als ausführende Organe der Behörden, obwohl sie für die Kommunen wichtige Pflichtaufgaben übernehmen wie die Aufnahme von Fundtieren und beschlagnahmten Tieren.»

«Heute sind ihm (dem deutschen Tierschutzbund) 16 Landesverbände und über 700 örtliche Tierschutzvereine mit mehr als 500 vereinseigenen Tierheimen und mehr als 800.000 Mitgliedern aus allen Teilen der Bundesrepublik angeschlossen. Damit ist der Deutsche Tierschutzbund Europas größte Tier- und Naturschutzdachorganisation» (Deutscher Tierschutzbund).

Weltweit sind Tierheime, wenn überhaupt, nur mit kleinen ‹Alibi›-Beiträgen von den Gemeinden unterstützt, deshalb sind sie auf private Spenden sowie ehrenamtliche Mitarbeit angewiesen. Finanzkrisen sind tragisch, weil einerseits die Spenden zurückgehen und andererseits noch mehr Tiere den Heimen übergeben und immer weniger platziert werden können.

Schweizer Tierschutz (STS)

Im Dachverband Schweizer Tierschutz STS sind **rund 70 Sektionen, meist Kantonale Tierschutzvereine**, zusammengeschlossen. Durch den STS und seine Sektionen wurden 2010 zum Beispiel:

27.463 Tiere in Tierheime aufgenommen (3579 mehr als im Vorjahr, eine Steigerung von 13 Prozent), 18.500 Tiere vermittelt, 6698 Tierschutzfälle behandelt (936 mehr als 2009), 10.000 Katzen kastriert. Nimmt man die Zahlen aller übrigen Tierschutzorganisationen dazu, steigen sie erheblich an.

Quellen:

Tierschutzbund *www.tierschutzbund.de*
Schweizer Tierschutz STS *www.tierschutz.com*
STS-Medienmitteilung Nr. 26 Tierschutzstatistik, 2011

13 Tieranwalt

Die Schweiz hat das fortschrittlichste Tierrecht der Welt. Doch klafft zwischen dem, was gilt, und dem, was faktisch gelebt wird, eine große Kluft. Wie in vielen europäischen Staaten ist das Tier ein Rechtsträger. Es ist keine Sache mehr, sondern ein Subjekt, das geschützt werden muss.

Doch wer verteidigt die Rechte der Tiere? Wer klagt an? Wer richtet? Auf diese Frage gaben die verschiedenen Kantone unterschiedliche Antworten. Die einen übertrugen die Aufgabe dem kantonalen Veterinäramt, die andern den ordentlichen Gerichtsinstanzen. Der Kanton Zürich jedoch benannte einen eigentlichen Tieranwalt.

Diese Lösung wollte eine Initiative des Schweizer Tierschutz STS auf die ganze Schweiz ausdehnen. Doch wurde sie von der Mehrheit des Volkes verworfen. In der Folge wurde die Zürcher Lösung leider wieder abgeschafft. Auf welche Weise die Rechte der Tiere besser geschützt werden, wird die Zukunft weisen.

Ich selbst habe durch nachstehende Stellungnahme und Slogans schweizweit für den Tieranwalt geworben:

Zur Einführung eines Tieranwaltes in der Schweiz

1. Man sagt, dass die Katze oder der Hund für viele Menschen ein Ersatz ist für mitmenschliche Beziehungen. Schon am Anfang der Bibel wird gesagt, dass dies durchaus ein Stück weit möglich ist. Aber in keiner Weise kann das Tier die zutiefst vorhandenen Bedürfnisse des Menschen nach Erfüllung ganz zufriedenstellen. Darüber hinaus wird das Tier oft vermenschlicht oder gar vergöttlicht. Das Tier ist ein Tier und muss es bleiben. Aber die oft falsche Einstellung zum Tier ist kein Argument gegen die Einführung des Tieranwaltes. Denn wenn einige ihr Auto vergöttern und zu ihm eine innigere Beziehung aufbauen als zu Menschen oder Tieren, dann spricht das auch nicht gegen die Notwendigkeit ökologischer oder sozialer Maßnahmen.
2. Das Tier darf nicht zur Sache degradiert werden, wie das zu Beginn der Neuzeit geschehen ist, als man das Tier als Maschine definierte. In den letzten zwanzig Jahren hat sich Gott sei Dank diesbezüglich ein

verändertes Denken eingestellt. Man hat den Unterschied zwischen einem Auto und einem Hund erkannt. Das Auto erfüllt bloß Zwecke, die dem Menschen dienen. Das Tier aber ist, wie die Philosophen sagen, Selbstzweck. Es trägt den Sinn in sich selbst. Und dieser Sinn muss vom Menschen beachtet werden. Diese Einsicht hat sich in der Gesetzgebung moderner Staaten niedergeschlagen. Das Tier ist von Gesetzes wegen geschützt. Damit es das auch wirklich ist, braucht es einen Anwalt.

3. Als Christen glauben wir, dass das Tier ein Geschöpf Gottes ist. Im Alten Testament kommt ihm eine Würde zu, die wir im Verlauf der Geschichte aus den Augen verloren haben: Das Tier entstammt nicht nur wie der Mensch der gleichen Erde, es ist ebenso wie der Mensch von Gottes Lebenskraft angehaucht und belebt; es ist einbezogen in den Bund, den Gott mit der Erde schließt, Bundespartner Gottes in der Verbundenheit mit dem Menschen. Seine Würde muss nicht nur geschützt, sondern auch rechtlich durchgesetzt werden können.
4. Jesus von Nazaret verdichtete seine messianische Sendung in der Wüste, wo er mit wilden Tieren gleichermaßen wie mit Engeln verbunden lebte (Markus 1). Von daher zeigte sich in vielen Geschichten, die von Heiligen erzählt werden, wie sich die Versöhnung mit Gott im versöhnten Umgang mit Tieren spiegelt: Hieronymus, Franziskus und viele andere danken es uns, wenn wir den Tieren als Brüder und Schwestern begegnen und ihre Würde anwaltschaftlich verteidigen.
5. In allem geht es letztlich um das Menschsein des Menschen. Der Mensch unterscheidet sich vom Tier

vor allem dadurch, dass er moralisch verantwortlich handeln kann. Umgekehrt ist der heutige Umgang mit Tieren (Massentierhaltung, Tiertransporte, Tötungsverfahren, Missbrauch für fragwürdige Experimente) oft unmoralisch, ja führt unter Umständen zur Verrohung des Menschen. Nur wenn das Recht des Tieres auf tiergerechte Haltung gewahrt ist, bleibt der Mensch Mensch.

6. Dass die Durchsetzung der Tierrechte etwas mit dem Leben selbst zu tun hat, müssen wir erst noch erkennen lernen. Wir müssen der totalen Verkommerzialisierung der belebten Natur entgegenwirken und ganz allgemein die Ehrfurcht vor dem Leben in all seinen Erscheinungsformen zurückgewinnen.

Gott ist Gott
Und Tier ist Tier
Und Mensch ist Mensch
    Darum: Ja zum Anwalt der Tiere

Das Tier ist keine Sache
Es hat keine Lobby
    Darum: Ja zum Anwalt der Tiere

Der Mensch unterscheidet sich vom Tier
Er ist ein moralisches Wesen
    Darum: Ja zum Anwalt der Tiere

Das Tier steht dem Menschen am nächsten
Ein Schutz des Tieres ist auch Schutz des Menschen
    Darum: Ja zum Anwalt der Tiere

14 Die erschossene Katze

Es läutet an der Tür. Die Nachbarin fragt, ob wir ihre Katze gesehen hätten. Sie sei seit Tagen nicht mehr ins Haus zurückgekehrt. Später erfahre ich, dass jemand die Katze von seinem Zimmer aus erschossen hatte. Nach den Gründen gefragt, sagt er beim Mittagstisch: «Sie hat immer wieder Singvögel gefangen und getötet. Das konnte ich nicht mit ansehen. Ich musste sie erschießen!», und steckt sich gerade ein dickes Stück Fleisch zwischen die Zähne. «Und wer erschießt dich?», frage ich zurück und füge hinzu: «Die Katze kann nicht anders! Aber du hast die Wahl! Und da du weiterhin Tiere frisst, müsstest du in der Logik deines eigenen Denkens erschossen werden.» Die Argumentation kommt nicht an, der Schütze glaubt sich weiterhin im Recht. Obwohl er, wenn die Nachbarin klagte, nach schweizerischem Recht verurteilt würde. Denn die Katze ist nicht mehr bloßes Objekt, sondern ein Rechtssubjekt. Der Nachbarin müsste er Schadenersatz in erheblicher Höhe leisten.

Das Dilemma, in das sich der Schütze selbst gebracht hat, findet einige Zeit später seine Fortsetzug in einer unsinnigen Frage eines Journalisten: «Auch im Tierreich gibt es das Gesetz ‹Fressen und Gefressenwerden›, die Katze frisst Singvögel. Die Katzen und die Tiere ganz allgemein sind doch nicht die besseren Christen!»

«Müssen sie auch nicht sein!», sage ich, «die Tiere folgen ihrer Natur, sie können sich nicht entscheiden, sie haben keine Wahl. Doch wir Menschen können entscheiden, können wählen, Tiere zu töten oder sie leben zu lassen, sie zu essen oder nicht. Wir können uns sogar gänzlich dem Naturgesetz ‹Fressen und Gefressenwerden› entziehen. Diese Entscheidungsfreiheit macht uns zu moralischen Wesen, zu Menschen, die die Natur gestalten und überschreiten. Nur beim Menschen gibt es ‹gut› und ‹bös›, beim Tier gibt es das nicht!»

15 Dressur und Zucht

Tobi, der kleine Hund, kommt aus dem Garten zurück. Die Türe bleibt offen. «Tobi», sagt Annette, «mach doch bitte die Türe zu!» Und Tobi springt an die Türe und stößt sie zu. Ich bin erstaunt. Daraufhin zeigt mir Annette noch andere Kunststücke. Sie bückt sich zu Boden, macht einen Buckel, und der Hund springt über sie, hin und zurück, mehrmals. Dann formt sie ihre Beine zu einem Oval, und Tobi springt durch die Beine. Sie bückt sich etwas zurück, und Tobi springt in ihre Arme. «Praktisch», sagt sie, «im Einkaufscenter, wenn ich die eine Hand vollgepackt habe und mit Tobi die Rolltreppe hinauf muss, vor der er Angst hat.»

Daraus entwickelt sich ein längeres Gespräch über Möglichkeiten und Grenzen der Dressur. «Man sieht doch, wenn ein Hund an etwas Freude hat. Ich darf seinen Willen nicht knicken. Aber wenn er Freude hat, warum ihm dann nicht das eine oder andere Kunststück beibringen? So etwas gehört doch auch zu einer guten Beziehung.» Dann erzählt sie von ihrem früheren Pferd. «Ich musste nur das Zaumzeug ergreifen, und schon galoppierte das Pferd zu mir und hielt seinen Kopf hin. Es hatte offensichtliche Freude, ausgeführt und geritten zu werden. Es war gewohnt, dass ich seinen Willen achtete und sanft mit ihm umging. Etwas anderes ist es aber beim Dressur- und Sportreiten!»

Ich stelle fest, dass ja auch der Hund mit Freuden mit dem Schwanz wedelt, sobald ich die Leine ergreife. Aber ich erinnere mich auch an einen Pfarrer, der mir einmal zeigen wollte, was wahrer Gehorsam ist und der mit seinem Hund in Priesterseminare und Noviziate ging, um den kirchlichen Gehorsam zu lehren. Wie dieser Gehorsam aussah? Wir saßen am Mittagstisch, der Pfarrer legte dem Hund einen Knochen auf die Pfote. Während wir die Suppe löffelten, ließ der Hund den Knochen unbeachtet liegen. Erst als der Pfarrer dann so nebenbei sagte: «Jetzt kannst du es nehmen», schnappte der Hund zu. So eine Dressur ist gegen die Natur und darum sehr fragwürdig.

Gegen die Natur sind auch bestimmte Formen von Züchtung, wie der Brief einer befreundeten Frau vom Januar 2011 zum Ausdruck bringt:

> Liebe Freunde,
> unser Herzenshund Emma, die wir sehr liebten, ist nicht mehr bei uns.
>
> Wie es auf einem Grabkreuz in Tirol so schön heißt: «sie kam in diese Welt im Mai 2000 und ging da heraus den 19. Jänner 2011». Jetzt ruht sie sich von ihrem beschwerlichen Mopsleben aus. Als «Beauty vom Drachenfels» in Ägidienberg geboren, kam sie im Herbst 2000 als «Dauerleihgabe» unserer Tochter Katrin zu uns …
>
> Seit dem Sommer 2007 litt sie zunehmend an den Folgen der unsinnigen Zucht, deren ungewolltes Produkt sie wurde. Verschiedene Operationen konnten ihre Lage letztlich nicht verbessern. In den letzten Monaten bekam sie kaum noch Luft und konnte nur noch kürzeste Strecken überwinden oder konnte kaum liegen. Selbst getragen zu werden, brachte ihr Luft- und Herznot.

Mit unserer einfühlsamen Tierärztin kamen wir nach dem Versagen aller Medikamente überein, Emma am Mittwochabend von dieser Qual zu erlösen. Das ist uns sehr, sehr schwer gefallen, denn sie war wie ein Familienmitglied. In der Eifel, wo sie gerne war, haben wir sie in einem Blumengarten begraben, wo im Herbst Lampionblumen über ihrem kleinen Grab aufgehen werden.

Pater NN., den Emma nach seinem Schlaganfall aus dem Bett brachte und neuen Lebensmut gab, war fest überzeugt, dass solch ein Tier ein wenngleich wortloses Bewusstsein und eine Seele hat. Das glauben wir auch. In einem Mopsbuch steht: «Der Mops liebt Hunde aller Rassen sowie jegliche Lebewesen auf Gottes Erde.» Das wird jeder von Emma bestätigen, der sie je erlebte. Wir sind froh und dankbar, dass wir sie bei uns hatten.

16 Ökoterroristen und Tiervergötzung

Ich bin zu Gast. Auf dem Tisch liegt ein Exemplar der deutschsprachigen Schweizer Zeitung «Blick» (2. August 2009): «Militante Tierschützer machen Daniel Vasella das Leben zur Hölle. Fackelten das Haus des Novartis-Chefs ab. Und brüsten sich stolz mit der Tat.» Offenbar hat man sich auf eine Auseinandersetzung eingestellt.

«Da sieht man, wohin der Tierschutz führt. Vasella hat zwar nicht meine Sympathie; er verdient so viel, wie er gar nicht verdient. Aber dass ihm diese Tierschützer das Haus abfackeln – das geht nun doch zu weit. Wie kannst du dich nur zu solchen Menschen bekennen?», fragt aufgebracht die Gastgeberin.

«Tue ich doch nicht», sage ich, «Gewalt ist nie richtig. Die schaden dem Anliegen des Tierschutzes. Man kann nicht Tiere schützen wollen, indem man Menschen tödlichen Gefahren aussetzt oder ihnen Schaden zufügt.»

«Ja, und dann diese verrückten Männer und Frauen in Amerika, die 20.000 Euro ausgeben für die Beerdigung ihrer Katze. Jetzt hat einer sogar ein Pferd in einen Kühlraum eingesperrt in der Hoffnung, dass es nicht stirbt», sagt der Mann.

Und ich entgegne: «Das ist wirklich eine extreme Tierliebe, für die man tatsächlich sehr viel Verständnis aufbringen müsste.»

«Und hast du gehört von Frau XY – nun hat sie ihrem Hund ein neues Hüftgelenk für 5000 Euro verpassen lassen. Das ist nun wirklich zu viel. Wie viel Gutes hätte man doch mit diesem Geld tun können!?»

«Auch da», füge ich hinzu, «ist mein Verständnis gefordert. Auch ich frage mich, ob dies richtig ist. Auf der anderen Seite: wenn ich daran denke, dass Frau XY nun so viele Jahre allein war und …»

Die Frau unterbricht mich: «Das Tier als Ersatz für einen Menschen, das ist doch unmöglich!» «Aber warum denn? Es gibt doch Menschen, die keinen Partner finden, obwohl ihre ganze Sehnsucht darauf aus ist. Und schon die Bibel erschafft das Tier zur Bewältigung der Einsamkeit des Menschen. Auch wenn das Tier die Sehnsucht nach dem anderen nicht ganz erfüllen kann, was ist denn falsch daran, dass die Frau in ihrem Hund ein Stück weit einen Partner erfährt? Immerhin greift sie in ihm ein Stück Lebensfreude und Lebenssinn.»

«Das rechtfertigt doch in keiner Weise dieses teure Hüftgelenk!», sagt die Frau.

«Nochmals», sage ich, «ich habe damit auch meine Mühe. Aber, entschuldige, ihr hattet doch letzthin auch einen großen Schaden an eurem Auto. Da habt ihr ja, wie ich gehört habe, über 5000 Euro ausgegeben. Und dies ist eine Sache, der Hund aber ist ein Lebewesen!»

Dieses Argument ist wohl der Grund, warum unser Gespräch auf eine andere, weniger streitbare Ebene geführt wurde.

17 Der sterbende Hund als Kunstobjekt

«Stopp diesen stupiden Künstler!», ruft mir ein junger Mann aus einem YouTube-Video entgegen.[23] Und mit seinem Zeigefinger dringt er in mich ein: «Unterschreibe diese Petition!»

Was ist geschehen: Guillermo Vargas, genannt «Habacuc», ein Künstler aus Costa Rica, ließ in der Hauptstadt von Nicaragua, in Managua, durch Kinder einen streunenden Straßenhund einfangen. Dann stellte er ihn in einer Galerie aus, angebunden, an der Wand eine mit Trockenfutter geschriebene Inschrift: «Du bist, was Du liest.» Tagelang erhielt der Hund weder Wasser zu trinken noch etwas zu essen, bis er schließlich starb. Menschen gingen in der Galerie ein und aus, aber kein einziger sagte etwas, keiner wandte sich dem Hund zu. Die «Kunstaktion» wurde bekannt, und 2008 sollte sie wiederholt werden. Der internationale Protest war groß. In vielen anderen YouTube-Filmen wurde der Protest weltweit verbreitet, Zeitungen und Magazine bezogen zum Teil kritisch Stellung.

Vargas verteidigte sich. Er wolle die Unmenschlichkeit des Menschen anprangern. «Wenn ich den Hund als Kunstobjekt vor eine Wand binde, wird er plötzlich zum Fokus. Wenn er in der Straße vor Hunger stirbt, kümmert das keinen.»[24]

Ohne Zweifel stimmt das. So viele Hunde führen nicht nur in den Städten des Südens ein elendes Leben, ohne dass Menschen dagegen aufbegehren. Und selbst in der Galerie war von Mitleid nichts zu spüren. Und auch Menschen vegetieren dahin, ohne dass man davon Notiz nimmt. Wenn also nicht eine große Grausamkeit und Herzlosigkeit hinter der Aktion des Künstlers stünde, müsste man geradezu von einem prophetischen Zeichen reden. Aber eben: Heiligt der Zweck die Mittel? Kann man mit einer unmenschlichen Handlung gegen Unmenschlichkeit angehen? Kann man solche Kunstaktionen rechtfertigen?

Zu welchen Geschmacklosigkeiten eine so aufgefasste Kunst führen kann, zeigt ein zynischer Internetblog vom 23. April 2008:

> Der Künstler Vargas Habacuc wird selbst zum Kunstobjekt – der Phantasie sind hier keine Grenzen gesetzt. Man bewerfe ihn mit Schlachtabfällen, um den Kunstbesuchern aufzuzeigen, dass der Mensch vom Tier lebt und durch diese Aktion aufgezeigt werden soll, dass Mensch und Tier in Symbiose stehen. Die Innerlichkeit (Schlachtabfälle) im Konsens mit Äußerlichkeiten (Guillermo Vargas Habacuc) in einen Dialog treten. Oder man fesselt den Künstler mit Gedärmen, bindet ihn damit im Ausstellungsraum fest und schreibt mit Blut «Du bist, was du denkst» an die Wand. – Man kann auch den mit Gedärmen gefesselten Künstler mit Fäkalien über-

schütten, dann müsste dort stehen «Du bist das, was du riechst». Der kreativen Ausdrucksweise ist in der Kunst ja bekanntlich keine Grenze gesetzt. – Man kann ihn aber genauso gut mit faulen Eiern und Tomaten bewerfen, um erstens den natürlichen Prozess von biologischen Abläufen zu zeigen, den Verfall und Transformation von Natur. Und zweitens den Verfall der moralischen geistigen Haltung unserer Gesellschaft zu dokumentieren. Man kann auch ein paar härtere biologische Geschosse einsetzen, damit sagt man aus, dass die Natur nicht nur weich wie eine faule Tomate ist, sondern auch hart sein kann. – Werdet selbst Künstler und nehmt solche Künstler in eure Kunstaktionen mit auf. Entscheidend in der Kunst ist nicht die Aktion, sondern wie hochgeistig die Erklärung dazu ist – nur dann ist es Kunst.[25]

18 Katze am Kreuz

Ich habe es auch gesehen – das Plakat mit der gekreuzigten Katze. Eine Tierschutzorganisation brachte damit ihren vehementen Protest gegen die «Opferung» von Tieren, besonders von Katzen zum Ausdruck. Sie werden oft willkürlich gefangen und wiederverkauft oder getötet und verspeist … Das Plakat hatte heftige Reaktionen in frommen Kreisen zur Folge, und auch die Schweizer Bischöfe protestierten, wie die Zeitungen berichteten. Man sprach von «Gotteslästerung», von «Blasphemie». Gegen eine solche Unterstellung habe ich seit jeher grundsätzliche Bedenken, nachdem nach dem Evangelium auch Jesus der Gotteslästerung bezichtigt wurde.[26] Statt sich der Provokation zu stellen und in einer Aussage eine mögliche Prophetie zu erkennen, bleibt man auf sich selbst zurückgebogen. Deswegen habe ich nachstehenden Leserbrief geschrieben:

> Wie viele amtliche Kommentare zu gesellschaftlichen Vorgängen ist auch die Bemerkung des Pressesprechers der Schweizer Bischofskonferenz nicht gerade erleuchtet. Zwar wäre eine Stellungnahme zur missbräuchlichen Verwendung religiöser Realitäten und Symbole in der Reklame durchaus am Platz. Hier geschieht vieles, was ärgerlich ist. Im Fall der «Katze am Kreuz» jedoch liegt der Skandal nicht in der bildlichen Darstellung, sondern in der Verweigerung, die im Bild gegebene Nachricht aufzunehmen.
>
> Ein Missbrauch religiöser Symbole oder Sachverhalte liegt dann vor, wenn zwischen dem Dargestellten und der Botschaft keine echte Beziehung besteht. Etwa wenn ein – im übrigen kitschiger – Jesus mit Heiligenschein zum Verkauf einer Uhr der Marke Casio (mit dem Vermerk «Pünktlich bis in alle Ewigkeit») zum Kauf motivieren soll; oder wenn vier betende und in den Himmel entrückte – wiederum sehr kitschige – Klosterfrauen für eine Kaffeemaschine werben; oder wenn das Michelangelo-Motiv der Begegnung von Gott und Adam für Schmuck, Telefon und noch vieles andere herhalten soll. All das ist ärgerlich, missbräuchlich und zu verurteilen.
>
> Mit der Katze am Kreuz ist es anders. Da besteht ein echter und für den nachdenklichen Menschen erkennbarer Zusammenhang zwischen dem Dargestellten und der Botschaft. Das Geschehen am Kreuz stellt ja das Opfer menschlicher Machenschaften in den Mittelpunkt, Jesus von Nazaret, der am Kreuz umgebracht wurde. Schon Paulus stellt in seiner «Theologie des Kreuzes» eine Be-

ziehung des Gekreuzigten her mit den in gesellschaftlicher Hinsicht Dummen, Unbedeutenden, an den Rand Gedrängten, mit allem, was als «Nichts» gilt. Und in der Logik seines Gedankens ist auch «das ängstliche Harren der Kreatur» (Römer 8,19, Lutherbibel) mit einzubeziehen.

In der Folge wurde der Gekreuzigte zur Identifikationsfigur für die Aussätzigen und Armen (Franz von Assisi, Elisabeth von Thüringen), für die Leidenden ganz allgemein, vor allem für die Pestkranken. Man stellte den gekreuzigten Jesus mit Pestbeulen dar (Pestkreuze, Matthias-Grünewald-Altar ...). In neuerer Zeit stellte man am Kreuz dar: einen geschundenen Bauern aus Lateinamerika, einen Unberührbaren aus Indien ... Kirchliche Organisationen wie «Fastenopfer» und «Brot für alle» haben auf dieser Klaviatur gekonnt gespielt, um die Solidarität mit den Armen, den Opfern gesellschaftlicher Gewalt ins Bewusstsein zu heben.

1959 kam es in der Schweiz zu einem öffentlichen Skandal, der gerichtliche Folgen hatte. Das Werk K. Fahrners, der eine nackte junge Frau am Kreuz darstellte, wurde wegen öffentlichen Ärgernisses konfisziert und erst 1980 – nach dem Tod des Künstlers – wieder freigegeben. Dabei wollte der Künstler, wie durch eine entsprechende Inschrift (IMP = Imperium = Herrschaft des Mannes) deutlich gemacht wurde, auf die massenweise Vergewaltigung von Mädchen in Mexiko und überall in der Welt aufmerksam machen. Er sah im Gekreuzigten die Gewalt an den Unschuldigen verdichtet und wollte damit einen Zusammenhang verdeutlichen, für den eigentlich gerade Christen empfänglich sein müssten. Juristen, Theologen, Ethiker haben sich mit dem Bild auseinandergesetzt. Man war sich einig: Der Skandal lag nicht in der Darstellung, sondern im Unvermögen der schweizerischen Öffentlichkeit, die provokative Botschaft des Kreuzes zu vernehmen. Seit dieser Diskussion müssten wir, besonders kirchliche Vertreter, gescheiter geworden sein …!

Was nun das Tier betrifft, muss daran erinnert werden, dass die erste Christusdarstellung ein gekreuzigter Esel war. Über seine Aussage rätselt man heute immer noch. Aber hinzuweisen ist auf ein Bild von Litzenburger. Der süddeutsche Künstler hängt einen toten Fisch ans Kreuz, um auf die schöpfungstheologische Bedeutung des Kreuzes aufmerksam zu machen.

Auf dieser Linie liegt nun auch die «Katze am Kreuz». Die Misshandlung der Tiere, nicht tiergerechte Tierhaltung, unsinnige Tiertransporte, unvernünftiger Fleischkonsum … das alles ist immer noch kein echtes Thema innerhalb der Kirche. Die Botschaft des Bildes ist eindeutig: Das Kreuz stellt die Parteinahme Gottes für alle Opfer, für alle Leidenden und Missachteten dar – auch für die Tiere. Solange der fromme Christ das nicht begreift, hat er nichts begriffen.[27]

II

Wie wir mit Tieren umgehen sollen

Im ersten Teil habe ich einige Geschichten erzählt, in denen sich wie in Brennpunkten die ethischen Probleme zeigen, die sich uns heute in einer veränderten Situation stellen. Nun möchte ich – wieder vorwiegend in der Form von Erzählungen – einige Aspekte einer modernen Tierethik darlegen. Nach einer einleitenden Grundsatzgeschichte komme ich zunächst auf Schwierigkeiten zu sprechen, mit denen sich eine ethische Argumentation ganz allgemein, aber besonders auch im Blick auf Tiere, konfrontiert sieht. Dann aber sollen die ethischen Perspektiven selbst und ihre Unausweichlichkeit zur Geltung gebracht werden.

1 Autonome Argumentation

Nachdem ich in Freiburg in der Schweiz das Lizenziat in Theologie erworben hatte und ich von meinen Obern beauftragt wurde, über Franz von Assisi zu promovieren, ging ich 1967 bis 1969 an die Universität Bonn, um meine wissenschaftlichen Forschungen im Blick auf meine Dissertation voranzutreiben. Nebenbei besuchte ich einige Vorlesungen an der theologischen Fakultät, unter anderem jene des damals berühmten Schweizer Moraltheologen Franz Böckle (1921–1991). Da ich, wie gesagt, im Studium bereits fortgeschritten und wie er ebenfalls schweizerischer Herkunft war, ergab sich bald einmal eine schöne Beziehung.

Nach den Vorlesungen kam er jeweils gezielt auf mich zu, um die in ihr erörterten Fragen mit mir zu vertiefen. Eine der Hauptthesen Böckles war, dass es im Bereich der Ethik keine unfehlbaren ethischen Entscheidungen des kirchlichen Lehramtes gäbe bzw. geben könne. Ethisches Verhalten müsse sich aus sich selbst verstehen, es müsse sich aus der Vernünftigkeit des Verhaltens ergeben und könne durch keine außenstehende, auch keine kirchliche Autorität begründet werden. Der Handelnde muss einsehen können, warum er dieses tun und jenes unterlassen muss. Wenn er die Einsicht in die geforderte Sache nicht hat, dann kann auch nicht von einem ethischen Verhalten die Rede sein.

In der Zeit, als Professor Franz Böckle in Bonn lehrte, gab es eine große, bis heute noch nicht erledigte innerkirchliche Diskussion. Paul VI. hatte seine berühmte «Pillenenzyklika» (Humanae Vitae) erlassen, und dies gegen die Mehrheitsmeinung einer von ihm dafür eingesetzten Kommission. Es gelang dem Papst in der Folge aber nicht, das Verbot der Pille zur Empfängnisverhütung mit entsprechenden Vernunftgründen plausibel zu machen. Die bloß devote Befolgung des Verbotes andererseits konnte aber ebenso wenig ethische Qualität beanspruchen.

«Ist damit aber nicht jede theologische Beeinflussung des ethischen Verhaltens von vornherein unmöglich?», fragte ich.

«Keineswegs», entgegnete er, «aber die theologische Argumentation muss ebenso sachlich wie überzeugend sein. Wenn zum Beispiel mit theologischen Argumenten gesagt wird, dass die Frau dem Mann untergeordnet ist und dass der Mann gegenüber der Frau einen Vorrang hat bzw. die Frau dem Mann bedingungslos unterwürfig sein müsse, dann ist das aus heutiger Sicht falsch. Denn diese mannzentrierten Ansichten haben keine vernünftige Grundlage (mehr). Darum können sich daraus auch keine ethischen Folgerungen ergeben. Hingegen ist die gottgegebene Würde der Frau ein Argument, das unmittelbare ethische Konsequenzen haben muss, weil diese als vernünftiges Postulat einsichtig ist. Theologische Überlegungen müssen eben auch von der menschlichen Vernunft nachvollzogen werden können.»

«Weltanschauliche Voraussetzungen haben also durchaus auch eine Bedeutung für das ethische Verhalten», sagte Professor Böckle, «sie können zu einer intensiveren Motivation und zu einer größeren Dringlichkeit führen. Aber die eigentliche Begründung ergibt sich aus der Kraft des vernünftigen Arguments.» Buddhistische oder christliche Perspektiven sind, wie das Buch des Ökonomen Ernst Friedrich Schumacher («Small is beautiful»; London 1973, Hamburg 1977) mit aller Deutlichkeit gezeigt hat, Voraussetzungen für eine jeweils andere ethische Einstellung.

«Ethik lebt aus weltanschaulichen Voraussetzungen. Aber es muss ihr gelingen, daraus allgemein einsichtige Argumente zu zimmern», sagt Professor Franz Böckle.

Für mich ist dieser Ansatz der Ethik bis heute gültig geblieben. Ethische Postulate sind durch vernünftige und sachbezogene Argumentation begründbar. Sie kennen keinerlei Autoritätsbeweis, sie müssen von der Sache und von den Zusammenhängen her vernünftig argumentieren und so Anerkennung und Befolgung suchen und finden. Das gilt nun auch für das, was man heute «Tierethik» nennt. Was zählt, sind die Argumente.

Theologische (das Tier ist ein Geschöpf Gottes), philosophische (das Tier ist Selbstzweck), empirische (Verhaltensforschung) Aussagen müssen in der Gestalt der Vernunft daherkommen, um als ethische Perspektive ergriffen werden zu können.

Ein solches Postulat ist freilich nicht selbstverständlich. Weder gelingt die Argumentation immer, noch ist sie sofort nachvollziehbar. Die Tradition oder das bisherige Verhalten hat Gewicht und kennt eine Art Trägheitsgesetz; sie ist zu sehr eingefleischt, als dass sie neue Erkenntnisse auch gleich anerkennen oder integrieren könnte.

2 Ideologie oder Unwissenheit?

In einem Prospekt für eine Wanderwoche in Italien habe ich geschrieben: «Wir wollen den Sonnengesang des Franz von Assisi nicht nur singen, sondern auch leben, unter anderem durch einen naturnahen Lebensstil und durch eine fleischarme Küche.» Und sofort reagierten viele mit dem Schlagwort «Ideologie!» Eine weiterführende Diskussion wird bereits im Ansatz erstickt.

Ich setze mich für das Heimatrecht von Wolf und

Bär in unseren Gegenden ein. Oder fordere von Orden und Kirchen konkrete Verhaltensweisen, die den Herausforderungen der Zeit entsprechen. Ideologie! Ideologie! Ideologie!

Was aber ist Ideologie? Das Wort meint in diesem Zusammenhang etwas Negatives: eine natürlich falsche Theorie, mit der man etwas durchsetzen oder bewahren möchte; ein Denken, das die eigentlichen Interessen verschleiert. Aber könnte es nicht auch sein, dass dieser Diskussionskiller auf den zurückfällt, der ihn gebraucht? Kann es denn nicht sein, dass das bisherige Denken nicht mehr aktuell ist? Dass man umdenken muss? Denn die Vorschläge und Postulate lassen sich doch, ich hoffe es, sachlich begründen. Es gibt eine Argumentationskette, an deren Ende notwendig ein neues Verhalten steht.

«Ignoranz ist eine Massenvernichtungswaffe», sagt Matthias Propst, ein junger freiwilliger Aktivist von Greenpeace.[28] Gerade in kirchlichen Kreisen stelle ich aber oft eine krasse Unwissenheit in ökologischen Fragestellungen fest. Krasse Unwissenheit – das ist ein Fachausdruck der traditionellen Moral. Er bezeichnet das Nichtwissen eines Sachverhaltes, den man wissen müsste. Ein solches Nichtwissen macht schuldig. Noch schlimmer wäre die bewusste Missachtung von Informationen, die für das richtige Handeln notwendig wären. Selbst das moderne Strafrecht sieht in diesen beiden Formen von Unwissenheit keine Entschuldigung für eine vollbrachte «schlechte» oder unterlassene «gute» Tat.

Ich halte bei einem Einkehrtag für Pfarrer einen Vortrag über den ersten Schöpfungsbericht und weise auf die dort beschriebene vegetarische Lebensform hin

(Genesis 1, 29f). Diese ergibt sich dort aus der Notwendigkeit einer alternativen, ja utopischen und prophetischen Welt«anschauung» angesichts der verkarrten realen Welt, in der der Mensch zur Zeit der Entstehung des Textes lebte (und heute immer noch lebt). Wir dürfen uns nicht zufriedengeben mit der Welt, in der der Mann die Frau ausbeutet, die Erde verwüstet, das Tier getötet, Gewalt in den unterschiedlichsten Formen ausgeübt wird. Wir müssen gerade angesichts des verschlingenden Tohuwabohu, des unsinnigen Durcheinanders und der gewalttätigen Welt eine Hoffnung und eine Vision von einer anderen Welt haben, in der alles mit allem versöhnt ist und in der man nicht mehr tötet, auch keine Tiere. So eindeutig der biblische Text als Gegenentwurf zur realen Welt ist, die Priester reagierten unisono: «Das kann nicht gemeint sein!» – und vergeben sich die Chance, einen modernen Zugang zu diesen großartigen biblischen Texten zu finden. Die Unwissenheit bezieht sich also ebenso sehr auf die visionäre Kraft der Menschheit als auch auf die Sache, mit der wir es zu tun haben.

Ich wurde in eine Arbeitsgruppe berufen, von der entsprechende Impulse für Gerechtigkeit, Frieden und Bewahrung der Schöpfung ausgehen sollte. An der ersten Sitzung, an der ich teilnahm, erwartete ich von der Aufgabenstellung her ein Expertenteam. Doch ich musste feststellen, dass da sehr wenig Fachwissen abrufbar war. Weder kannte man den Ausdruck «ökologischer Fußabdruck» (die Erdfläche, die ich durch meine Lebensweise verbrauche) noch jenen des «virtuellen Wassers» (Wassermenge, die zur Herstellung eines Produktes benötigt wird). Auch vom längst bekannten Zusammenhang zwischen Hunger und Fleischkonsum wusste die Gruppe nichts. Von den Forderungen verschiedener politischer und ökonomischer Organisationen und Institute (weniger bis gar kein Fleisch!), der «Erklärung von Bern» (www.evb.ch) (Reduzierung des Fleischkonsums um die Hälfte!) oder des World Wide Fund for Nature (WWF) (ein Menü ohne Fleisch belastet das Klima drei Mal weniger als ein solches mit Fleisch!) hatte man ganz offensichtlich keine Ahnung. Was mich aber noch mehr betrübt, ist die Unfähigkeit so vieler, aus der Kraft der Vision konkrete Alternativen zu entwickeln.

Gleiche Erfahrung in einer Katholischen Akademie. Ich sollte im Rahmen einer Fachtagung zum Thema «Wohlstand für alle in einer begrenzten Welt» ein Referat halten mit dem Titel «Lebenskunst in einer begrenzten Welt». Professor Tim Jackson, Professor für nachhaltige Entwicklung an der englischen Universität Surrey und Autor von «Wohlstand ohne Wachstum» (München 2011), hielt seinen Vortrag über «Wohlstand ohne Wachstum». Er zeigte auf, wie das politische Postulat der Effizienzsteigerung bereits heute gescheitert ist. Denn diese führt, wie sich schon vielfach gezeigt hat, nur zu noch größerem Wachstum. Ein wirklicher Beitrag zur Reduktion des Wachstums wäre jedoch, wie er sagte, die massive Reduktion des Fleischkonsums, wenn nicht gar die vegetarische Lebensweise.

Die nachfolgenden Rednerinnen und Redner waren mit dem renommierten Professor aus England in dieser Aussage einig. Die Akademie ihrerseits jedoch scheint von all den Zusammenhängen nichts zu wissen. Für den Empfang und die Mahlzeiten gab es während der ganzen Zeit der Tagung nur Fleischprodukte und vor allem von weit her transportierte Lebensmittel.

«Es ist für uns beide schwer, sich in diesem Haus nach unseren Einsichten zu ernähren, nicht wahr!», sagt zu mir eine andere Referentin der Tagung. Ich habe – wie sie übrigens auch – der Akademie eine entsprechende Rückmeldung zukommen lassen. Und ebenso einem Haus in Italien, in dem ich schon öfter die gleiche Erfahrung machen musste:

> Wieder durfte ich die Gastfreundschaft Ihres Hauses genießen. Dieses Mal nur mit einer ganz kleinen Gruppe, die sich wohlfühlte. Herzlichen Dank.
>
> Die Gruppe sagte mir aber auch, dass Sie Angst bekundet hätten, dass die ganze Gruppe vegetarisch sei. Deswegen und im Blick auf die Zukunft möchte ich dazu einige Gedanken äußern.
>
> Sehen Sie: ich kann diese Angst und diesen Widerstand gegen eine vegetarische Küche eigentlich nicht verstehen, weil sich gerade die italienische Küche dazu in besonderer Weise eignet. Und immer wieder beweisen Ihre Angestellten, dass es sehr gute vegetarische Gerichte anzubieten gäbe. Sicher aber ist, dass die ständige Wiederkehr von Käse und Mozarella keine Lösung ist.
>
> Noch weniger verstehe ich diesen Widerstand, wenn ich Ihren großartigen Einsatz für die Straßenkinder in Brasilien bedenke. Sie stehen doch auf dem Boden der franziskanischen Solidarität, die es letztlich ja auch ist, die heute zwingend zu einer fleischarmen bzw. vegetarischen Küche führt. In Brasilien zerstört man jedes Jahr große Regenwaldflächen – nur um darauf Soja oder Weizen zu pflanzen, nicht etwa, um den Hunger der Brasilianer zu stillen, sondern um die Tiere in Europa zu füttern, welche dann auf unserem Teller landen. Darunter

leidet die brasilianische Bevölkerung: mehr Hunger und Armut in Brasilien. Zudem bedeutet jeder Quadratmeter zerstörter Regenwald die Zerstörung unseres Klimas, worunter wir dann auch in Europa zu leiden haben.

Hinzu kommt, dass die Massentierhaltung in Europa, die nur auf der Basis der importierten Tiernahrung unter anderem aus Brasilien erhalten werden kann, durch Methanausstoß das Klima zerstört. Die ganze industrielle Landwirtschaft steuert gegen 40 % der schädlichen Emissionen bei.

Das sind nur zwei Argumentationslinien. Es gäbe darüber hinaus noch jede Menge anderer. Die Fachleute folgern daraus, dass wir Menschen nur dann noch eine Zukunft haben, wenn wir nur noch wenig bis gar kein Fleisch mehr essen.

Ich bin überzeugt, dass Sie meiner Argumentation folgen können. Denn Sie haben sich bereits seit langem auf den Weg der Solidarität begeben. Jetzt gilt es, auch im Konsumbereich die Konsequenzen zu ziehen. Die Chance eines franziskanischen Gasthauses könnte gerade darin liegen, dass es eine biologische und vegetarische Küche von hoher Qualität anbietet. Damit könnte man Reklame machen: Wem die Zukunft der Menschen und der Schöpfung insgesamt am Herzen liegt, geht in Ihr Haus. Da gibt es nur noch naturnah produzierte Lebensmittel und kein Fleisch (Gemüselasagne, Risotto mit Gemüse und Pilzen, Bruschetta …). Und wer in diese Gegend kommt und hier den Sonnengesang des Franziskus singt, will auch etwas tun zur Erhaltung unserer Schöpfung und für den Respekt gegenüber den Tieren. Ich bin überzeugt, dass das ein Erfolgsrezept wäre. Je mehr Gasthäuser es übernehmen, umso größer ist der Wille der Gäste, es mitzutragen.

3 Keine Nostalgie, sondern eine neue Antwort!

Ich laufe durch die Stadt, die Schaufenster spiegeln meine Gestalt. Ich glaube, in der Spiegelung meinen Vater zu erkennen. Doch die Welt, in der ich lebe, ist nicht mehr die Welt meines Vaters. Oft wird den Menschen, die sich für eine naturnahe Landwirtschaft und Lebensmittelproduktion einsetzen, Nostalgie vorgeworfen.

Nein, ich bin kein Nostalgiker, der das, was früher war, einfach für besser hält. Ich kann mich noch gut an die Zeit erinnern, in der es weder Kühlschrank noch Waschmaschine, geschweige denn dieses Wunderding Computer gab. Die Entwicklung hat uns sehr viele technische Errungenschaften gebracht, die unser Leben leichter und bequemer machen.

Kürzlich war ich wieder einmal auf der Alp, auf der ich als Kind Sommer für Sommer die Ferien verbrachte. Da gab es damals kein fließendes Wasser im Haus, ein offenes Herdfeuer, auf dem das Essen zubereitet wurde und um das man sich am Abend sammelte, keine Elektrizität, sondern Petrollampen, Strohmatratzen … Heute ist alles anders geworden auf der Alp, und für vieles gibt es auch da technische Erleichterungen. Wir hatten ein sehr schönes Gespräch, die heutige Hirtin und ich, in dem ich mich an meine Kindheit erinnerte. Nein – ein Zurück kann es nicht geben. Meine Welt ist nicht die meines Vaters.

Wieder gehe ich durch die Straßen der Stadt. Da steht ein Bus, auf dem mit großen Lettern steht: «Hybridmotor – 30 % weniger CO_2-Ausstoß.» Ich glaube nicht, dass mein Vater von Hybridmotoren gehört hat, von einer Kombination von verschiedenen Energieformen zur Vorwärtsbewegung. Sicher hat er auch nichts gehört von den schädlichen CO_2-Gasen, die jetzt durch den Hybridmotor reduziert werden können. Mit dieser Feststellung auf dem Bus ist erkennbar etwas Positives gemeint: das Busunternehmen folgt mit dem Hybridmotor einer einsehbaren Notwendigkeit, einem ethischen und politischen Postulat, das sich aus der veränderten Welt ergibt. Konkrete Ethik gibt eben immer Antwort auf konkrete Sachverhalte.

Ich bezweifle, ob mein Vater auch schon etwas von Hybridpflanzen gehört hat? Das sind Pflanzen oder Obst, die durch Kombination verschiedener «Elternanteile» gezüchtet sind. Auf dem Regal sehen sie viel schöner und größer aus als die «natürlichen», aber sie haben oft keinen Geschmack. Fast alles, was heute in den Lebensmittelketten zum Verkauf angeboten wird, sind Hybride. Fragen, die sich daran anschließen, sind etwa folgende: Ist solches Gemüse, solches Obst ebenso nahrhaft? Ist es von der Qualität her mindestens ebenbürtig oder gar besser? Karl Otrok, der Produktionsleiter des Saatgutherstellers Pioneer, verneint dies ausdrücklich.[29] Wenn das Gemüse aber minderer Qualität ist, darf ich es dann noch zum Kauf anbieten? Hybride sind fortpflanzungsunfähig. Der Bauer wird, wenn er diese pflanzt, von industriellen Lebensmittelkonzernen abhängig, er hat kein eigenes Saatgut mehr. In Indien flüchten jedes Jahr Tausende in den Selbstmord, weil ihnen so die Existenzgrundlage entzogen wurde. Andere verkaufen aus dem gleichen Grund ihre Frauen, Kinder oder die Nieren ihrer Töchter, um bestehen zu können.[30] Statt Erleichterung größere Armut und der Verlust der Eigenständigkeit! Was aber folgt aus diesem Sachverhalt für die ethische Beurteilung der Hybridpflanzen?

Als die Welt meines Vaters zu Ende ging, setzte auch die massive Zerstörung des Klimas ein. Alle grafischen Darstellungen zeigen, wie die durch den Menschen verursachte Erderwärmung um 1960 sprunghaft ansteigt und von da an dermaßen zunimmt, dass die Zukunft unseres Planeten heute düster aussieht. Die große Mehrheit der Wissenschaftler sieht eine Erwärmung zwischen 2 und 6 Grad in den nächsten fünfzig Jahren voraus. Wenn wir uns jetzt anstrengen, dann könnten wir die Erderwärmung noch auf 2 Grad beschränken. Aber bereits dieses Ziel wird katastrophale Folgen für viele Gegenden der Welt haben. Wenn wir weniger oder gar nichts tun, ist die Menschheit als solche bedroht. Man darf da nicht argumentieren: die Natur hat sich in der Vergangenheit der Entwicklung angepasst, sie wird das auch in der Zukunft können. Daran ist nicht zu zweifeln, aber die Möglichkeit besteht, dass sich die Natur des Menschen entledigt. Die Natur kommt ohne den Menschen aus, der Mensch aber nicht ohne Natur! Zudem werden für die genannte Aussage oft örtliche Ereignisse genannt: die Seequalität in X ist heute besser, der Fluss Y konnte sich regenerieren. Aber wir haben es heute mit globalen, nicht mit lokalen Problemen zu tun.

Nochmals: Die Welt meines Vaters ist nicht mehr die unsere. Inzwischen gibt es eine globalisierte Wirtschaft, die mein Vater noch nicht gekannt hat: eine Lebensmittelproduktion, die von ein paar wenigen Konzernen monopolisiert wird und die immer weiter wegführt von regionalen und ökologischen Aspekten, eine Fleischproduktion, die von Jahr zu Jahr zunimmt, und zwar auch dort, wo man bisher kaum Fleisch gekannt hat (zum Beispiel in Indien).

Mein Vater lebte damals noch in einer kleinen Welt, wir aber wohnen in einem «globalen Dorf», wir können durch elektronische Vernetzung alles mitbekommen, was in der Welt vorgeht. Der Begriff stammt zwar noch aus der Zeit meines Vaters (Marshall McLuhan, 1962), aber was er meint, kommt erst heute voll zum Zug. Wir sehen die hungernden Kinderbäuche Afrikas, die Rauchschwaden der Terroranschläge, die blutig niedergeschlagenen Revolten, den Tsunami von Japan und das Erdbeben in Italien. Wir sind unterdessen Zeitgenossen von Ereignissen, die weit von uns entfernt geschehen. Und wir müssen aufpassen, dass uns das Elend der Welt nicht gleichgültig lässt.

Was täglich auf unseren Tisch kommt, stammt möglicherweise vom anderen Ende der Welt. Wir sind bis in den täglichen Bedarf hinein bestimmt von Produkten, die uns der globale Markt ins Haus liefert: Wein aus Südafrika, Litschi aus China, Kartoffeln aus Ägypten, Fleisch aus Mexiko, das Auto aus Korea – und nicht immer entsprechen sie ethischen Standards. Ein neues Bewusstsein ist gefordert!

Der «Freie Markt» lebt von der Vorstellung, dass an jedem Ort jedes Produkt angeboten werden kann bzw. zu haben ist. Der Schutz einheimischer Produkte zum Beispiel wird als «Protektionismus» geächtet. Ich habe es selbst auf Taiwan erlebt. Da gibt es die köstlichsten Früchte aus einheimischer Produktion, aber man kann sie nicht verkaufen, weil die gleichen Früchte billiger aus Festland-China angeboten werden. Sie werden nach Japan abgeschoben, wo sie erneut wirtschaftliche Probleme schaffen. So werden einheimische Märkte kaputt gemacht, vor allem in Afrika. Dem afrikanischen Bauern bleibt oft nur die Flucht über das Mittelmeer oder über Gibraltar nach Europa, wo man ihn «Wirtschaftsflüchtling» schimpft und seine Arbeitskraft (zum Beispiel in den Gemüse- und Früchteplantagen Spaniens) ausbeutet. Doch ist es unsere Wirtschaftspolitik, die diese «Wirtschaftsflüchtlinge» schafft. Diese Erkenntnis müsste sowohl zu einem anderen Umgang mit ihnen als auch zu einer grundsätzlich anderen Wirtschaftspolitik führen.

Die globale Wirtschaft ist zwar erstrebenswert. Alle sollen an den Gütern dieser Erde teilhaben können. Aber die Globalisierung ist heute noch die Globalisierung von Gruppeninteressen, die Ausdehnung von ein paar wenigen Konzernegoismen. Damit verbunden ist eine umfassende Ökonomisierung und Verkommerzialisierung der Natur und ihrer Ressourcen. Alles erscheint unter den Aspekten des Gewinns, des Konsums. Kinderarbeit, Hunger, Elend, Frauenhandel, Tierfabriken … sind die Folgen.

In Brasilien werden jedes Jahr Unmengen Regenwald abgeholzt, nur um Soja anzupflanzen, damit wir in Deutschland oder der Schweiz die Tiere füttern können und wir unser tägliches Fleisch auf dem Teller haben. Unmittelbar neben den Sojafeldern aber leiden deswegen unzählige Menschen Hunger und Durst.

Die Überfischung ist so weit vorangeschritten, dass man befürchtet, dass zukünftige Generationen keinen Fisch mehr essen können. «Fair-Fisch», eine Organisation, welche sich für eine nachhaltige Fischerei einsetzt, benennt in ihren Veröffentlichungen die Bedingungen, die für einen ethisch noch verantwortbaren Fischkonsum gegeben sein müssen. Hinzu kommt der sogenannte Beifang, ungewollter Fang von Fischen und anderen Tieren, beim Fischen. Nachstehend eine Information des WWF Deutschland:[31]

> Grob geschätzt hängt an jeder zweiten Leine, die täglich hakenbestückt ins Meer ausgebracht wird, eine Meeresschildkröte. Jedes Jahr sterben weltweit schätzungsweise 250 000 dieser urtümlichen Reptilien durch Haken und Netze der Fischerei. Sie sind ungewollter Beifang auf der Jagd nach Tunfisch, Mahimahi oder Schwertfisch und werden von den Fischern zurück ins Meer geworfen, wo sie meist schwer verletzt sterben oder ertrinken. Dasselbe tödliche Schicksal teilen jährlich 300 000 Wale, Delfine und Tümmler, viele Millionen Haie und ungezählte Meeresvögel. Massenhafter Beifang gefährdet inzwischen sogar die Fischbestände. Denn viel zu oft landen neben ungewollten Arten auch junge Fische in den Netzen.
>
> Durch das wahllose Durchsieben der Weltmeere nach Lebewesen, sprich: durch unselektive Fangtechnik, zieht die Fischerei heute jedes Jahr rund 90 Millionen Tonnen Fisch an Bord ihrer Schiffe. Dabei landet bei weitem nicht nur das im Netz, was die Fischer haben wollen. Allein in der Nordsee wird laut einer aktuellen WWF-Studie jedes Jahr rund ein Drittel des gesamten Fanges als Müll wieder über Bord geworfen. Weil die Fische zu klein oder nicht verkäuflich sind oder nicht gefangen werden dürfen. Fische etwa, deren Fangquote bereits ausgeschöpft ist. Je nach Zielart und Fangtechnik werden sogar bis zu 90 Prozent eines Fischzuges wieder ins Meer zurückgeworfen.

Nachdenken über Fische

Weltweit müsste der Fischkonsum halbiert werden, sonst sind die Meere bald leer. Zurückschrauben müssen vor allem die Menschen im Norden der Welt. Denn bereits die Hälfte des Fischs aus dem Süden dient dazu, den überdurchschnittlichen Konsum des Nordens zu decken.

Im Meer **leiden die Fische nach dem Fang zu Tausenden** in engen Netzen, bis sie an Bord qualvoll ersticken oder noch halb lebend verarbeitet werden. Immer mehr Fischarten sind überfischt oder gar gefährdet.

Während die Meere immer weniger hergeben, stammt bald **jeder zweite Speisefisch aus einer Fischfarm.** In Zuchtanlagen vegetieren sie im Dauerstress, dicht gedrängt in einer artfremden Umwelt. Zudem werden sie vor allem mit Fischmehl gefüttert. Dabei wird drei- bis viermal so viel Fisch verbraucht, wie man am Ende aus der Zucht gewinnt. Hinzu kommt, dass die verwendeten Medikamente und der Fischkot die Gewässer stark belasten. **Fischzucht ist keine Alternative zur Ausfischung der Meere,** sie trägt sogar noch dazu bei.

Auch die Fische aus den Seen werden meist nicht rasch und schonend getötet, der Anteil des Süßwasserfisches am Gesamtfischkonsum ist äußerst gering.

Quellen:

Verein fair-fish *www.fair-fish.ch/wissen/gesundheit*
Greenpeace *oceans.greenpeace.org/de*

Eine sehr gute und solide Übersicht über Ursachen, Folgen und Handlungsmöglichkeiten stellt die Informationsschrift «Globaler Klimawandel» von Germanwatch dar.[32] Da werden neben politischen Postulaten auch eine ganze Reihe von Maßnahmen für den Einzelnen aufgezählt.

Nein, ich will nicht in die Welt meines Vaters zurück. Aber ich will, dass wir in unserem ethischen Verhalten unserer Zeit entsprechen. Damit uns das gelingt, finden Sie nachstehend einige Grafiken, die uns entsprechende Entscheidungen plausibel machen. Unter anderem wird in diesem Zusammenhang immer auch die Reduzierung des Fleischkonsums postuliert. Wohlverstanden: Hier (ausgenommen beim oben erwähnten Beifang der Fische) geht es noch nicht um tierethische Aspekte. Allein schon soziale (Hunger, Elend) und ökologische (Klimaveränderung) Gründe fordern dies mit aller Eindeutigkeit.

Nachstehend einige Informationen zur Neuausrichtung des Lebens.

Emissionsliste Verkehrsmittel

Verschiedene Verkehrsmittel haben einen unterschiedlichen durchschnittlichen Ausstoß an CO_2. Folgende Grafik zeigt die CO_2-Emissionen in Gramm pro Personen-Kilometer (bei einer durchschnittlichen Auslastung) an.

Das Flugzeug zeigt deutlich den höchsten Ausstoß, dicht gefolgt vom PKW. Überraschenderweise liegt nicht die Bahn, sondern der Reisebus an letzter Position.

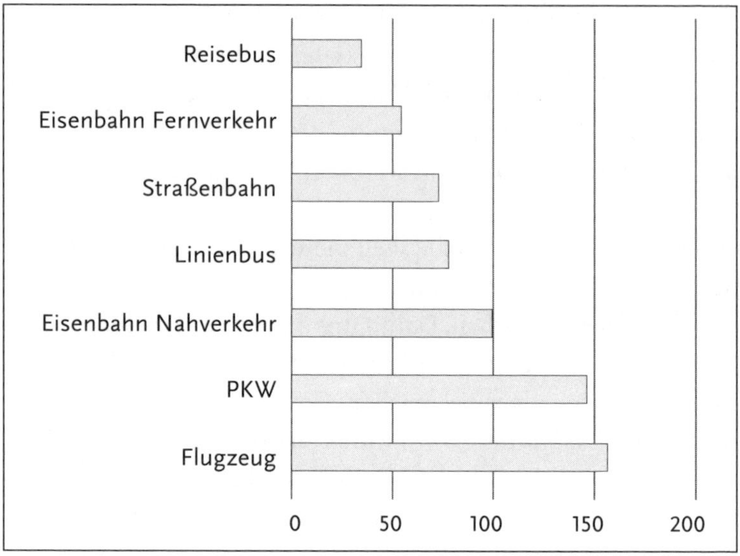

Quelle: *www.fr-online.de*

Der ökologische Fußabdruck

Ein wichtiges Werkzeug, um den Lebensstil im ökologischen Bereich zu messen, ist der «ökologische Fußabdruck»: jene Fläche, die jemand durch seine Lebensart (Konsum, Wohnen, Ernährung, Mobilität) verbraucht. Für europäische Staaten liegt der durchschnittliche Fußabdruck bei 2,5 Erden. Anders gesagt, wenn alle so leben können sollten wie ein Europäer, bräuchte es zweieinhalbmal die Erdoberfläche, bei den US-Amerikanern sogar sieben- bis achtmal.

Bei diesbezüglichen Angaben sind sich übrigens die meisten Experten einig. Uno-Generalsekretär Ban Ki-moon rechnet sogar damit, dass wir weltweit 2050 nicht weniger als drei Erden brauchen, wenn nicht Entscheidendes geschieht.[33] Wir sind also vor eine große

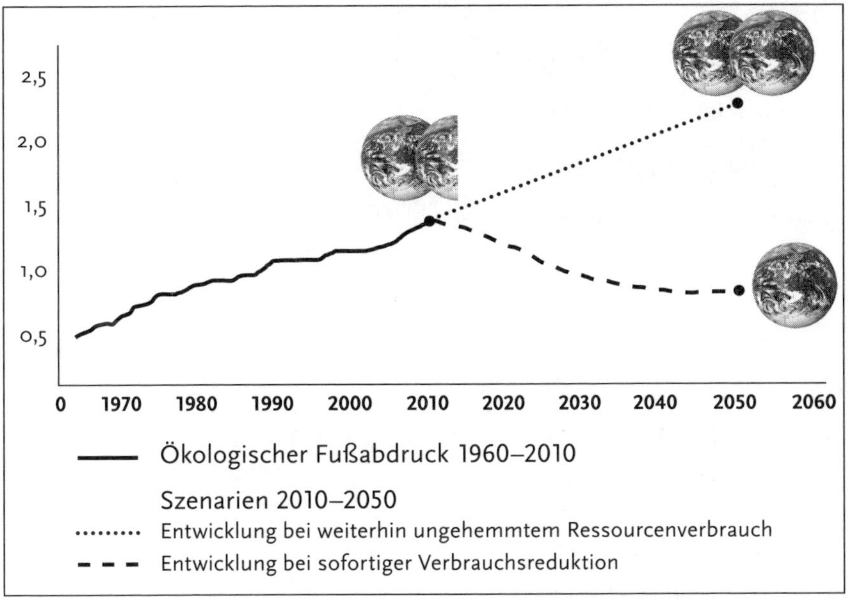

Entscheidung gestellt, für welche obenstehende Grafik hilfreich sein kann. Im Übrigen gibt es im Internet mehrere Methoden, um den persönlichen Fußabdruck zu messen.[34]

Quelle der Grafik:

www.ubz-stmk.at/lehrlinge/themen/footprint/Footprint-gesamt.pdf

Virtuelles Wasser

Gewiss kannte mein Vater auch nicht den Begriff «Virtuelles Wasser». Gemeint ist die Wassermenge, die für die Herstellung eines Produktes (Auto, ein Kilo Fleisch, eine Hose ...) gebraucht wird. Auch hier gäbe es einen Maßstab[35], den man an unser Verhalten anlegen könnte:

Logarithmische Darstellung des virtuellen Wasserverbrauchs für verschiedene Alltagsgüter (in Liter)

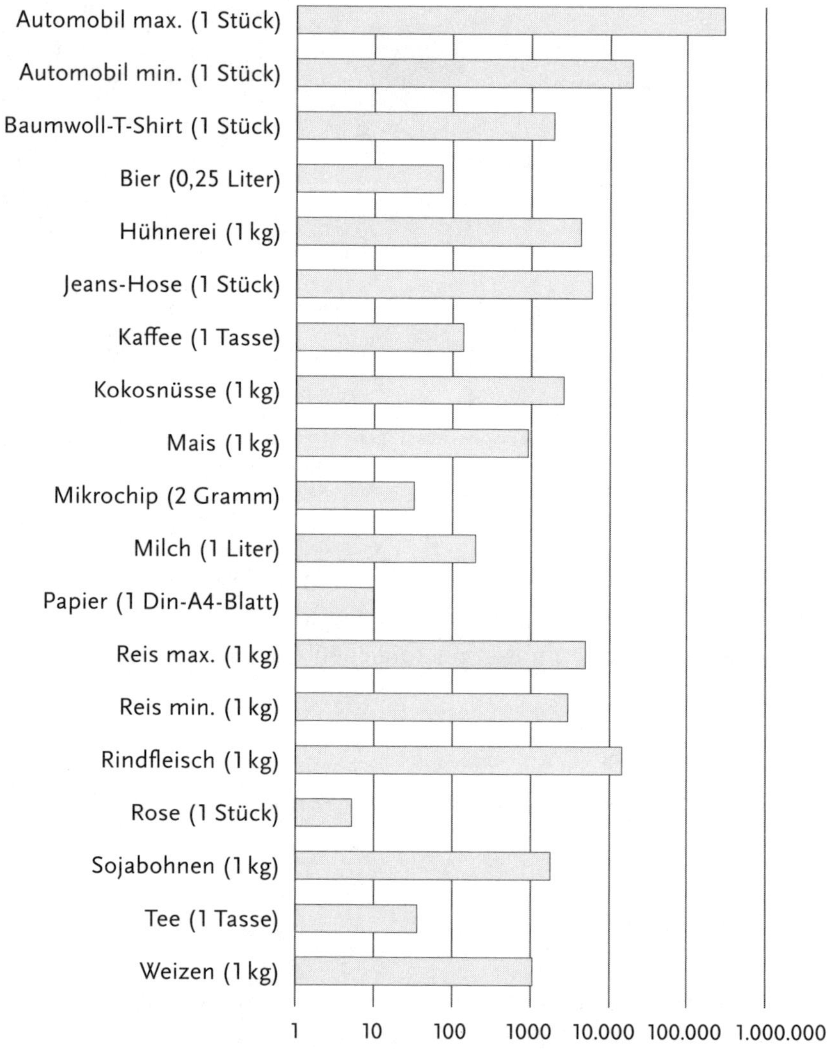

Quelle der Grafik:

de.wikipedia.org/wiki/Virtueller_Wasserverbrauch

Treibhauseffekt bei der Herstellung von Lebensmitteln – dargestellt in Autokilometern

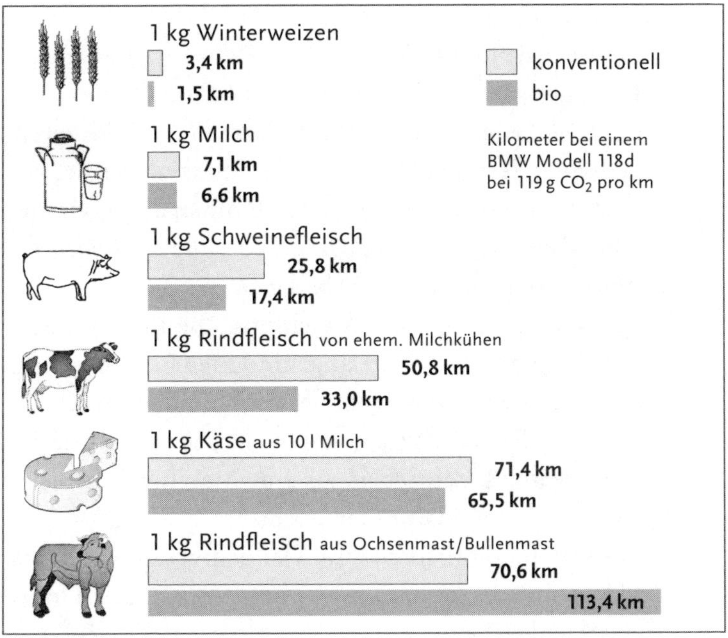

Quelle: foodwatch

Treibhauseffekt und Ernährungsweise – pro Kopf und Jahr in Autokilometern

Durchschnittsverbrauch einzelner Lebensmittel in Deutschland nach Eurostat
Kilometer bei einem BMW Modell 118d bei 119 g CO_2 pro km

4 Das Tier als Subjekt

Immer wieder höre ich den Satz: «Das Tier ist kein Mensch. Es muss Tier bleiben.» Dem Satz stimme ich bedingungslos zu. Doch ist dieser Satz nicht das Ende der Diskussion, sondern ihr Anfang. Gerade die bereits genannte Verdinglichung, Verkommerzialisierung und Ökonomisierung des Tieres im Rahmen der modernen globalisierten Wirtschaft zeigt, dass der Satz eben des besonderen Nachdenkens bedarf.

Die erschreckende Entwicklung, die in den modernen Tierfabriken und im ungehinderten Fleischkonsum ihren Ausdruck findet, hat philosophische Wurzeln. So hat René Descartes (1596–1650) das Tier als ein seelenloses Wesen beschrieben, als eine Maschine, die keine Gefühle hat und die der Mensch nach seinem Gutdünken manipulieren kann. Der Schrei eines Tieres ist nichts anderes als das Quietschen eines Rades. Ein solches Denken lässt natürlich Tierversuche, Schlacht- und Tierhaltemethoden jeder Art bedenkenlos zu.

Die philosophisch-theologische Bestimmung des Tieres in der abendländischen Tradition ist an der genannten Entwicklung auch nicht ganz unschuldig. Anders als die Schöpfungslehre der Bibel (siehe den vierten Teil dieses Buches) ist diese von einem grundlegenden Dualismus bestimmt: Hier Materie – dort Geist. Der Geist ist seinem Wesen nach unverweslich, unsterblich, ewig. Die Materie dagegen ist irdisch, hinfällig, verweslich. Dazu gehört die ganze diesseitige Welt: der menschliche Leib, aber auch Pflanze und Tier. Man sagte zwar nicht, wie viele das bis heute noch meinen, dass das Tier keine Seele hätte. Aber die Seele des Tieres ist eben keine Geistseele, welche nach dieser Philosophie allein die Zusage ewigen Lebens in sich trägt. Nach Aristoteles hat alles, was ist, ein «formgebendes Prinzip», selbst der Stein und der Berg. Bei der Pflanze und beim Tier spricht man dann ausdrücklich von «Beseeltheit». Beim Tier kommt das in der lateinischen Bezeichnung zum Ausdruck (*animal*, von *anima* = Seele), der Mensch ist «*animal rationale*», wörtlich übersetzt ein «vernunftbegabtes Tier».

Dem entspricht im heutigen Englisch die Unterscheidung «human animals» und «non human animals», was eine größere Gemeinsamkeit von Mensch und Tier herausstellt, als das bei der deutschen Bezeichnung der Fall ist. Das Tier ist der Oberbegriff, dem der Mensch zugeordnet ist und der sich von den übrigen Tieren unterscheidet. Bereits hat diese Begrifflichkeit in die deutsche Sprache Eingang gefunden. Eine Maturaarbeit einer Schülerin am Gymnasium in Stans/Schweiz aus dem Jahre 2008 beginnt mit dem Satz: «In einer Gesellschaft, die – zumindest theoretisch – alle Menschen gleichstellt, wird täglich eine große Anzahl nichtmenschlicher Tiere getötet». In unseren Landen wird man beim Lesen dieses Satzes gleich zweimal schlucken müssen, da man diese Redeweise nicht gewohnt ist. An sich finden wir aber hier genau die Art und Weise, wie die aristotelische Philosophie die Gemeinsamkeit von Mensch und Tier herausstellte. Wobei man allerdings gleich hinzufügen muss, dass man heute die Gemeinsamkeit nicht bloß in der Beseeltheit sieht, sondern eben viel grundsätzlicher, und das Unterscheidende ist nicht mehr die «Vernunft» bzw. die «Geistseele», sondern das «Menschliche» («human»).

Was an dieser Stelle zu betonen ist, ist auf jeden Fall die Belebtheit bzw. Beseeltheit von Pflanze, Tier und Mensch, die Biosphäre. «Ich bin Leben, das leben will, inmitten von Leben, das leben will», sagt Albert Schweitzer. Ein solcher Satz muss der Ausgangspunkt für eine heutige Ethik sein, die alle Lebewesen (Pflanze, Tier und Mensch) umfasst. Albert Schweitzer (1875–1965) hat auf dieser Grundlage seine Ethik entwickelt: nicht mehr Unter- oder Überordnung, nicht mehr Hierarchisierung des Lebens ist der Ausgangspunkt für die Ethik, sondern das Leben, das Pflanze, Tier und Mensch gemeinsam haben. So gibt es im Lebenswerk des großen Theologen und Arztes viele provokative Texte zum Verhältnis von Tier und Mensch. Die Frage, ob Tiere eine Seele haben, ist damit obsolet geworden.

Überdies bringt die Verhaltensforschung, eine relativ neue Wissenschaft, viele der bisher festgefügten Meinungen ins Wanken. Als ich mit dem Philosophiestudium begann, sagte man: Der Mensch unterscheidet sich vom Tier dadurch,

- dass er Werkzeuge herstellt,
- dass er denkt,
- dass er ein Sozialverhalten entwickelt,
- dass er kommuniziert …

Inzwischen wissen wir aufgrund eindrücklicher Experimente, dass das Tier dies alles auch kann, vielleicht nicht so ausgeprägt und vollkommen wie der Mensch, aber immerhin. Auf der andern Seite kann das Tier vieles, was der Mensch nicht kann. Ein Hund übertrifft die Riechfähigkeit des Menschen tausend-, wenn nicht millionenfach. Er kann sogar die Spur von Zwillingen unterscheiden, was die DNA-Analyse nicht kann. Eine Katze hat einen viel größeren Orientierungssinn als wir Menschen, Schwärme haben eine «Intelligenz», die der Mensch erforscht, um in der Organisation gesellschaftlicher Gebilde weiterzukommen. So wird eine differenziertere Sicht notwendig: Der Mensch übertrifft das Tier in diesem und in jenem Bereich, in anderen aber ist er dem Tier unterlegen. Eine Hierarchisierung ist fragwürdig geworden. Das Tierreich ist heute für viele ein Ort des Staunens und des Verwunderns (vgl. den vierten Teil dieses Buches).

In der Philosophie spricht man schon lange vom «Selbstzweck» des Tieres. Das Tier ist nicht primär den Zwecken des Menschen unterworfen. Es ist nicht wie das Auto, das nur durch und für den Menschen da ist. Ein Tier ist sich selbst Zweck: Es will gut leben, es will überleben, es will sich fortpflanzen und in seinen Nachkommen weiterleben. Dies ist vom Menschen zu achten. Vor dem Recht ist das Tier unterdessen in vielen Staaten ein Subjekt, ein Rechtsträger. Es hat Rechte, die vom Menschen respektiert werden müssen und die vor Gericht eingeklagt werden können/müssen. Der rechtliche Schutz des Tieres ist von vielen europäischen Verfassungen aufgenommen und in einer Vielzahl von Gesetzen konkretisiert worden. Er gehört darum zum Auftrag eines modernen Staates. Die Schweizerische «Stiftung Tier im Recht»[36] gibt eine eindrückliche Übersicht über die diesbezüglichen Entwicklungen in Europa.

Jeremy Bentham (1748–1832) hat diese Entwicklung vorausgesehen und prophetisch beschworen:

> Der Tag wird kommen, an dem auch den übrigen lebenden Geschöpfen die Rechte gewährt werden, die man ihnen nur durch Tyrannei vorenthalten konnte. Die Franzosen haben bereits erkannt, dass die Schwärze der Haut kein Grund ist, einen Menschen schutzlos den Launen seines Peinigers auszuliefern. Eines Tages wird man er-

> kennen, dass die Zahl der Beine, die Behaarung der Haut und das Ende des *os sacrums* sämtlich unzureichende Gründe sind, ein empfindendes Lebewesen dem gleichen Schicksal zu überlassen. Aber welches andere Merkmal könnte die unüberwindliche Grenzlinie sein? Ist es die Fähigkeit zu denken oder vielleicht die Fähigkeit zu sprechen? Doch ein erwachsenes Pferd oder ein erwachsener Hund sind weitaus verständiger und mitteilsamer als ein Kind, das einen Tag, eine Woche oder sogar einen Monat alt ist? Doch selbst, wenn es nicht so wäre, was würde das ändern? Die Frage ist nicht: Können sie denken? Oder: Können sie sprechen? sondern: Können sie leiden?[37]

Interessant ist für diesen tierethischen Ansatz die Leidensfähigkeit der Tiere. Damit ist – neben dem des «Lebens» und dem des «Selbstzweckes» – ein weiteres zentrales Kriterium des neu verstandenen tierethischen Verhaltens gegeben: Dem Tier darf kein Leiden zugefügt werden. Zwar wird die Leidensfähigkeit bei einzelnen Tieren immer wieder bestritten, oft auch mit eindeutig erkennbaren Interessen (Tierversuche, Tierhaltung ...). Gerne fügt man darum hinzu: «nicht *unnötig* leiden lassen» – aber was ist denn nötig? Oder «nicht unverhältnismäßig leiden lassen» – aber was ist denn verhältnismäßig?

Parallel zum Begriff «Rassist» ist der Ausdruck «Speziesist» gebildet worden: Wie jener die eigene Rasse höher stellt als die der anderen, so stuft der «Speziesist» seine eigene Art («Mensch») höher ein als die andere Art; daraus leitet er unterschiedliche Empfindungen und Leiden ab.[38]

Andreas Brenner, seit 2011 Professor an der FHNW (Fachhochschule Nordwest-Schweiz) in Basel und Mitglied der Ethikkommission für Tierversuche der Akademien der Wissenschaften Schweiz, erhebt in seiner «Umweltethik» (Ein Lehr- und Lesebuch, Freiburg/Schweiz 2008) folgende ethische Postulate:

1. Art- und tiergerechte Haltung, die in der industriellen Landwirtschaft und in der industriellen Tierproduktion (!) vermutlich nicht gegeben ist. Denn hier gilt das Gesetz der konsequenten Effizienzsteigerung (möglichst viele Tiere auf kleinstem Raum, möglichst viele Einzelteile, möglichst gefügige Anpassung und Ausbeutung der Tiere: Enthornung, Vernichtung bzw. Schlachtung der «unwirtschaftlichen» Kükchen, Kühe, Schafe, «Optimierung» der Futtermittel, gentechnische Veränderung, Klonierung …). Das Tier selbst wird weder in seinen Grundbedürfnissen noch in seiner körperlichen Integrität geachtet. Das Tier aber ist, so ist tierethisch zu fordern, art- und tiergerecht zu halten. Was das im Einzelnen heißt, ist von Tierart zu Tierart, ja sogar von Tier zu Tier (Hund zu Hund) verschieden.

2. Tierversuche (in Europa immer noch 12 Millionen Tiere jährlich!): nach der Darstellung der unterschiedlichen Positionen zum Tierversuch sagt A. Brenner zusammenfassend: «Widerspruchsfrei lassen sich Tierversuche dann wohl nur in dem – in der Praxis kaum anzutreffenden Fall – rechtfertigen, dass sie in veterinärmedizinischer Absicht mit dem Ziel eines Heilerfolges des betroffenen Tieres unternommen werden.»[39] Die bereits im ersten Teil meines Buches (vgl. S. 16) genannte «Drei R-Regel» *(Reduction, Refinement, Replacement)* ist in ethischer Hinsicht ein Kompromiss zur Gestaltung des Übergangs in eine tierversuchsfreie Forschung.

3. Tötung des Tieres: aus ethischer Perspektive ist ein starker Einspruch anzumelden gegenüber dem heute

selbstverständlichen Töten von Tieren. Der Anspruch, leben zu dürfen, kommt uns auch aus dem Wesen der Tiere entgegen. Es braucht starke Argumente, die das Töten eines Tieres als ethisch unbedenklich ermöglichen könnten. Die heute oft zu hörenden Begründungen reichen nicht mehr aus. Ohnehin gilt im Blick auf die ethische Beurteilung des Fleischkonsums: «Es muss geprüft werden, ob das Verzehren von Fleisch unter folgenden Bedingungen als moralisch unbedenklich ausgewiesen werden kann:

- Tiergerechte Haltung der genutzten Tiere während ihrer ganzen Lebenszeit,
- sachgerechte und fürsorgliche Pflege der Tiere,
- schonender Umgang und Transport,
- angst- und schmerzfreie Tötung der Tiere, was aber in den meisten Fällen nicht gegeben ist.»[40]

4. Tiere im Zoo: Andreas Brenner[41] zitiert Jean Claude Wolf[42], Professor für Ethik und politische Philosophie an der Universität Freiburg/Schweiz, der folgende Freiheiten, die dem Tier zukommen, fordert:

- Freiheit der Wildnis
- Freiheit von Zucht
- Freiheit von Domestikation
- Freiheit von Ketten und Käfigen
- Freiheit für Bewegung und Auslauf
- Freiheit zu artgemäßen Lebensformen
- Freiheit von genetischen Eingriffen
- Freiheit von Eingriffen in die körperliche Integrität
- Freiheit von Schmerzen, Stress und anderen Depravationen
- Freiheit zur Entwicklung von Fähigkeiten
- Freiheit zu einer artgemäßen Lebensdauer.

5 Tierethik und der kategorische Imperativ

Zum Abschluss der ethischen Überlegungen möchte ich noch zwei Elemente erwähnen, die der wohl anerkannteste Philosoph der Neuzeit beizusteuern hat: Immanuel Kant (1724–1804): Der Königsberger Philosoph vertritt eine indirekte Tierethik. Er leitet also das ethische Verhalten zum Tier nicht aus seinem Wesen ab: etwa weil es ein Subjekt oder gar ein Rechtsträger ist, auch nicht aus der Leidensfähigkeit oder aus erkannten oder angenommenen Gemeinsamkeiten von Mensch und Tier. Er ist vielmehr der Meinung, dass der Mensch sein Menschsein beschädigt, wenn er dem Tier Leiden zufügt:

> In Ansehung des lebenden, obgleich vernunftlosen Teils der Geschöpfe ist die Pflicht der Enthaltung von gewaltsamer und zugleich grausamer Behandlung der Tiere der Pflicht des Menschen gegen sich selbst weit inniglicher entgegengesetzt, weil dadurch das Mitgefühl an ihrem Leiden im Menschen abgestumpft und dadurch eine der Moralität im Verhältnisse zu anderen Menschen sehr diensame natürliche Anlage geschwächt und nach und nach ausgetilgt wird; obgleich ihre behende (ohne Qual verrichtete) Tötung, oder auch ihre, nur nicht bis über Vermögen angestrengte Arbeit (dergleichen auch wohl Menschen sich gefallen lassen müssen) unter die Befugnisse des Menschen gehören.[43]

Diese indirekte Tierethik ist eigentlich einsichtig und zwingend. Wenn man sieht, wie gefühllos viele sind, die mit der Aufzucht und Schlachtung der Tiere befasst sind, vor allem dann, wenn diese industriell betrieben werden, dann muss man sich fragen, wo da das menschliche Empfinden hingekommen ist. Die Verrohung und Gleichgültigkeit sind offensichtlich. Kants Beitrag zur Tierethik darf also nicht unterschlagen werden, auch wenn er nicht genügt. Die Tierethik muss aus dem Tier selbst abgeleitet werden können: Das Tier ist ein Subjekt, das leiden kann; es hat eine eigene Würde, die es zu achten gilt.

Das zweite Element, das Kant zur Tierethik beiträgt, ist der Begriff des «kategorischen Imperativs», also die zwingende Logik, die sich aus der Beurteilung eines Sachverhaltes ergibt.

Die ethische Frage, die sich angesichts der globalisierten Wirtschaft und der dazugehörigen Tierhaltung ergibt, lautet: Was ist zu tun? Zwar lässt die Beschreibung der ökologischen Situation und der vorgeschlagenen Maßnahmen noch vieles offen. Sie zwingt aber vor allem im Blick auf die Tiere notwendig zu ethischen Entscheidungen: Ich muss handeln!

Es ist die Vernunft, die mir gebietet, so zu handeln, dass die Menschheit als Ganze auch in Zukunft eine Erde vorfindet, in der man leben kann. Die Vernunft sagt mir, und dies auf eine unbedingte Weise, kategorisch, dass ich auf dieses oder jenes verzichten muss bzw. dieses oder jenes einschränken soll, dass ich also mein bisheriges Leben ändern muss. Und dies durchaus auch aus einem persönlichen, ja egoistischen Interesse: Ich und die «Meinen» wollen es auch morgen und übermorgen gut haben, ebenso wie die zukünftigen Generationen.

Kant hat diesen kategorischen Imperativ in verschiedenen markanten Sätzen beschrieben. Unter anderem sagt er: «Handle so, dass du die Menschheit sowohl in deiner Person, als auch in der Person eines jeden anderen jederzeit zugleich als Zweck, niemals bloß als Mittel brauchst.»[44] Das ist mir aus dem Herzen gesprochen. Der Mensch ist keine Sache, kein Ding, kein Mittel, sondern trägt Sinn und Zweck in sich selbst. Er ist ein moralisches Wesen, in dem grundgelegt ist, was er tun muss. Er muss notwendig so handeln, dass der Mensch Mensch bleibt. Ja, alle Menschen müssten eigentlich so reagieren, dass die Schöpfung als solche und der Mensch in ihr als Subjekt bestehen können. Ich muss wollen, was für die Menschheit und die ganze Schöpfung gut ist, wenn ich ein moralischer Mensch sein will. Die Vernunft kommt mir als Gesetz entgegen, das ich einhalten muss. Das ist meine innerste Pflicht.

Was Kant damals aber noch nicht in Betracht gezogen hat, verstärkt die Unbedingtheit des ethischen Handelns: auch das Tier ist nicht Mittel, sondern Zweck; es hat Rechte, die geschützt werden müssen, eine Würde, die beachtet werden will. Ebenso muss die Biosphäre als Ganze in die ethische Argumentation Eingang finden. Die ökologische Entwicklung hat unterdessen einen Punkt erreicht, dass die Vernunft eine völlige Umstellung des Lebensstils verlangt.

Im Verhalten zum Tier spiegeln sich ökologische, soziale und tierethische Aspekte, so dass eine neue Einstellung zum Tier den Charakter eines Imperativs bekommt: Armut und Elend vieler Menschen sind durch die industrielle Lebensmittel- und Fleischproduktion ebenso mitverursacht wie die Veränderung des Klimas. Dies wird erst anders, wenn wir dem Tier seine Würde zurückgeben, die es in der Schöpfung Gottes hat.

III

Politik für die Tiere

Im zweiten Teil habe ich versucht, ein angemessenes ethisches Verhalten zu Tier und Schöpfung aus dem ökonomisch-ökologischen Zustand unserer Zeit und aus den neuen Erkenntnissen zum Wesen des Tieres neu zu bestimmen. Daraus ergeben sich von selbst politische Fragen: Wie können wir in einer modernen Demokratie zu einem Verhalten kommen, das der dringlich notwendigen ethischen Neuorientierung entspricht? Welche Maßnahmen sind zu ergreifen, damit eine lebens- und tierfreundliche Gesellschaft entsteht? Was sind die Mittel, die dazu führen? Welche Personenkreise und Wortführer braucht es, um das vorgegebene Ziel zu erreichen?

1 Der öffentliche Raum

Ich spreche von «politischen» Maßnahmen. Damit meine ich alles, was notwendig ist, damit die Gesellschaft als Gesellschaft im Sinne der genannten Zielvorgaben funktioniert. Letztlich geht es um Rahmenbedingungen, welche erstrebt werden müssen, dass die Schöpfung als Schöpfung, der Mensch als Mensch und das Tier als Tier zur Geltung kommen. Dieses Ziel wird aber nur zu erreichen sein, wenn vorher im öffentlichen Raum Diskussionen stattfinden, welche einen Prozess für ein neues mit- und umweltbezogenes Bewusstsein auslösen.

In diesem öffentlichen Raum gibt es heute genügend Informationen, die in diese Diskussionen einzubinden wären. Nur erreichen sie oft nur jene, die sie bereits kennen, auf jeden Fall einen kleinen Kreis. Ein Beispiel: In einem Schweizer Kanton wurde festgestellt, dass von insgesamt 15 größeren Schweineställen zehn nicht den geforderten gesetzlichen Bestimmungen entsprechen. Daraufhin hat AKUT (Aktion Kirche und Tiere) einen Informationsabend organisiert, an dem die «Stiftung Tier im Recht», Hans-Georg Kessler, Produktmanager von «Bio Suisse» und der kantonale Tierschutz einschlägige Referate hielten. Wer aber kam zur Veranstaltung? Leute, die ohnehin auf dem nötigen Kenntnisstand waren, die Bauern, die es unmittelbar betraf, aber fehlten.

Auf allen Fernsehstationen werden jede Woche viele Dokumentarfilme gezeigt, die einen genügenden Einblick in die konkreten Probleme im Zusammenhang mit der Fleischproduktion geben. Sie sind über YouTube oder über die Onlineausgaben der Fernsehstationen jeder Zeit abrufbar. Dasselbe gilt für die Probleme des Hungers und der Armut und ebenso für jene des Klimawandels. Aber zu welchen Konsequenzen führen diese Informationen? Die Diskussion auf der Grundlage solider Information muss unbedingt eine breite Gesellschaftsschicht erreichen.

Auf einem Kurs in Würzburg haben wir gemeinsam Erwin Wagendorfers Film «We Feed the World» besucht. Am Ende hörte ich von mehreren Teilnehmerinnen: «Ich werde von nun an kein Hühnchenfleisch mehr essen». Aber warum bloß kein Hühnerfleisch? Was ist mit dem anderen Fleisch? Was mit dem Gemüse? Und wie lange hält der Eindruck an? Hat der Film wirklich eine Veränderung bewirkt?

Ein anderes Mal zeigte ich den Film in einer Schwesterngemeinschaft in Deutschland. Auch hier war die Betroffenheit groß, besonders bezogen auf die Tatsache, dass die Stadt Wien jeden Tag Brot in einem Ausmaß vernichtet, dass man damit den Tagesbedarf der Stadt Graz decken könnte. Die Leitung der Gemeinschaft setzte im Anschluss daran immerhin Arbeitsgruppen ein, welche in den Bereichen «Energie», «Konsum», «Küche» «Landwirtschaft» ökologische Konsequenzen ziehen sollten. Sie berief sogar Fachleute in diese Arbeitsgruppen. Was daraus geworden ist, ist mir zur Stunde leider nicht bekannt.

In einer religiösen Männergemeinschaft war die Reaktion befremdlich: «Das alles ist zwar schrecklich. Aber wir sehen nicht, was wir daran ändern könnten.» Natürlich weiß ich nicht, ob der Film später nicht trotzdem Wirkungen erzielt hat.

2007 habe ich veranlasst, dass der Film in einem öffentlichen städtischen Kino als sonntägliche Matinee gezeigt wird. Möglichst viele Institutionen (Tierschutzorganisationen, «Eine-Welt-Gruppen», ökologisch orientierte Basisgruppierungen …) konnten in die Trägerschaft dieses Anlasses mit eingebunden werden. Der Saal war gefüllt, und es folgte eine sehr gute Diskussion. Bei dieser Vorführung trug ich ein paar einleitende Worte vor und nach dem Film – unter dem Titel: «We feed the World: Lebensmittel – Todesmittel. Spiritualität und Lebensstil» eine provozierende Rede:

Im Namen der organisierenden Trägerschaft dieser Matinee möchte ich Sie zu Wagendorfs Film «We feed the World» herzlich willkommen heißen. Wir sehen zuerst den aufwühlenden Film, hören dann nach einer kurzen Pause von 10 Minuten meinen Vortrag an, anschließend ist Diskussionsmöglichkeit … Ich kann Ihnen nicht Vergnügen wünschen zum Film, wünsche Ihnen aber viel Offenheit und große Aufmerksamkeit …

Wir sind – nehme ich an – alle erschüttert von dem Film, den wir eben gesehen haben. Wir fühlen uns ohnmächtig und gleichzeitig aufgebracht über die Mechanismen, unter denen die heute globalisierte industrielle Lebensmittelproduktion abläuft.

Sie werden sich zu Recht fragen, wer ich denn sei und warum ich mich mit dem Thema beschäftige. So möchte ich mich zunächst etwas vorstellen:

Ich bin seit bald fünfzig Jahren Kapuziner – also jemand, der sich als Schüler und Anhänger des Franz von Assisi versteht. Unser Ordensgründer lebte eine radikale Verbundenheit mit allen Geschöpfen und eine alles umfassende Ehrfurcht vor dem Leben. Sein Lobgesang der Schöpfung wird heute überall gesungen. Bei Franz von Assisi gibt es ähnliche Begriffe wie zum Beispiel im Buddhismus und Hinduismus:

Da spricht man von *advaita:* Alles ist eine Ganzheit, alles ist mit allem, jedes mit jedem verbunden, in der Sprache des Franz von Assisi: alles ist auf alles paarweise und geschwisterlich bezogen; einander Schwester und Bruder.

In den beiden asiatischen Hochreligionen spricht man von *ahimsa:* nicht schaden, nicht verletzen wollen; in der Sprache des Franziskus heißt das Sympathie und Compassio: Freude und Leid der andern Geschöpfe als eigene Freude und als eigenes Leid empfinden; Empathie als Einfühlung in alles und in jedes.

Darum muss ich die genannten Mechanismen als eine abscheuliche und Leben verneinende Verirrung empfinden und das auch öffentlich sagen.

Ich bin Theologe – also jemand, der von Gott sprechen soll – und dies auf eine Weise, dass die Welt Hoffnung und Zukunft haben kann; ein Theologe, für den Spiritualität eine ganzheitliche Sache ist und nicht einfach nur Meditation, Gebet, Gottverbundenheit, Rückzug aus dem Getriebe der Welt oder sogar nur Wellness, ein Wohlfühlprogramm. Spiritualität ist ein Lebensentwurf, der alle Dimensionen des Lebens zu einer Ganzheit fasst, eine Perspektive, die nichts ausklammert, ein Lebensstil, zu dem der Verzicht ganz wesentlich gehört, wenn das kostbare Leben bedroht ist; ein gott-menschliches Begegnungsgeschehen, das den ganzen Menschen, also auch seine Konsum- und Essgewohnheiten allmählich völlig umformt und neu gestaltet.

Ich bin Schriftsteller, der sich in den Dienst dieser Hoffnung und dieser Perspektive stellen will. Darum bin ich hier, um nicht nur der Erschütterung nach diesem Film Ausdruck zu geben, sondern auch entsprechende Konsequenzen zu fordern.

Alles hängt mit allem zusammen: die spanische Tomate auf dem Teller – dahinter steht eine verfehlte Wirtschaftspolitik, die die Lebensgrundlagen in Afrika zerstört. Sie schafft Flüchtlinge, die zu Tausenden über das

Mittelmeer drängen und oft genug darin umkommen, Arbeiter, die unter menschenunwürdigen Bedingungen die Tomate auf dem Teller oder dieses oder jenes herstellen; Asylsuchende, die gewisse Leute als Wirtschaftsflüchtlinge betrachten und menschenunwürdigen Verfahren unterwerfen und dann abschieben. Wirtschaftsflüchtlinge – sicher, aber in einem anderen Sinn. Unsere Wirtschaft hat sie geschaffen. Sie soll die Verantwortung übernehmen und eine Politik machen, die die Lebensgrundlagen fremder Völker festigt und nicht immerzu nur schwächt. Und wir werden darum die Tomate nicht mehr kaufen und nicht mehr essen, wir sind Gegner des Asylgesetzes, das heute zur Entscheidung durch das Volk vorliegt, und verstehen uns als Schwestern und Brüder der Asylsuchenden.

Alles hängt mit allem zusammen: «Gemüse, Milch, Brot, Fleisch … Lange genug haben wir sie für Lebensmittel gehalten. Dabei vernichten sie [wenn sie so hergestellt werden, wie der Film zeigt]: Menschenleben, Naturressourcen, Eigentum und Wissen» (Klappentext des Filmes). Lebensmittel werden Todesmittel – und die Moral verbietet es, solche Todesmittel zu kaufen und zu konsumieren.

Wer zum Beispiel jeden Tag Fleisch isst, isst das Brot der Armen. Ein Zusammenhang, den wir seit Jahrzehnten wissen könnten. Wir verfüttern zwischen sechs- und zwölf Mal so viel Getreide an Tiere bzw. für die Herstellung des Fleisches, das wir verzehren, je nachdem es Schwein, Rind oder Geflügel ist. Und täglich sterben 100.000 vor Hunger – nicht weil es zu wenig Lebensmittel gibt, sondern weil diese für unseren Fleischkonsum gebraucht werden. Wir müssten eigentlich von einem 100.000-fachen Mord reden. Regenwälder werden abgeholzt – entweder um Weideplätze zu haben – für das Fleisch, das wir dann als Bündnerfleisch ausgeben, oder um Soja anzubauen als Futter für Tiere, nachdem die Verfütterung von Fleisch an vegetarische Lebewesen wegen BSE und Creutzfeld-Jakob verboten wurde; mit zusätzlichen Folgen: Armut und Hunger bei der einheimischen Bevölkerung, Klimaveränderung.

Zudem kommen die Fleischproduzenten unter Druck: tierunwürdige Massentierhaltung, schreckliche Tiertransporte, grausame Schlachtungsmethoden, kriminelle Machenschaften noch und noch – jetzt gerade wieder ein Gammelfleischskandal in Deutschland. Der Konsument ist es, der durch seinen Fleischkonsum an alldem mitschuldig ist. – Und dann die Verrohung des Menschen, der nicht mehr weiß, was Leben ist. Wir brauchen eine Gesetzgebung, welche das Tier als ein lebendiges Wesen, ja als Geschöpf Gottes betrachtet und die Würde des Tieres über alle ökonomischen Gesetze stellt.

Darum ergeben sich etwa folgende Postulate:

- Da die Wirtschaft auf dem Gesetz von Angebot und Nachfrage beruht, sollten wir weniger oder gar kein Fleisch essen. Im Interesse des eigenen Lebens, der eigenen Gesundheit übrigens. Dies ist die einzige Sprache, die die Wirtschaft versteht.
- Und wenn noch Fleisch gegessen werden soll, dann müssten unter den Bedingungen heutiger Fleischproduktion folgende Einsichten gelten: Der Zusammenhang von Fest und Fleisch muss aufgelöst werden: Festlichkeit darf nicht mehr durch Fleischkonsum zum Ausdruck kommen, weil es keine Festlichkeit auf Kosten der Armen und der Tiere geben kann. Ostern,

Weihnachten, Geburtstage sind große Feste. Es gibt andere Möglichkeiten als den Fleischkonsum, seiner Freude Ausdruck zu geben.

- Kirchliche Veranstaltungen (Pfarrfeste, Jubiläen und Ähnliches) sollten das vor aller Öffentlichkeit zeigen, indem bei solchen Anlässen völlig auf Fleisch verzichtet wird; es gibt festliche und genussreiche Menüs ohne Fleisch. Am Geburtsort von Papst Benedikt XVI. ist vor Ostern eine Zeitungsanzeige der Tierorganisation «Peta» (Marktl am Inn, 15.04.2006) erschienen, in der der Papst die Katholiken weltweit auffordert, die grausame Intensivtierhaltung nicht länger zu unterstützen und sich für eine gesunde und tierfreundliche vegetarische Ernährung zu entscheiden: «Auch die Tiere sind Geschöpfe Gottes», sagt er. Gezeigt werden Gänse, die qualvoll zwangsgestopft werden, und Hühner, die auf engsten Raum zusammengepfercht sind. Nochmals wird der Papst zitiert: «Die Art von industrieller Verwendung, indem man Gänse so züchtet, dass sie eine möglichst große Leber haben, oder Hühner so kaserniert, dass sie zu Karikaturen von Tieren werden, diese Degradierung des Lebendigen zur Ware scheint mir tatsächlich dem Zueinander von Mensch und Tier zu widersprechen, das durch die Bibel durchscheint.» Und Bruce Friedrich, der Kampagnenleiter für Veganismus fügt hinzu: «Der beste Weg, wie Katholiken gegen eine solch entsetzliche, institutionalisierte Tierquälerei angehen können, ist der, Gottes Geschöpfe nicht zu essen und sich stattdessen vegetarisch zu ernähren».[45]
- Wer da und dort noch Fleisch essen will, beziehe es nicht von industriellen Fleischproduzenten, sondern aus Bauernbetrieben aus der Region, bei denen das

Tier noch als Lebewesen die gebührende Achtung und den nötigen Schutz genießt;
- die religiösen Gemeinschaften müssten sich grundsätzlich einer vegetarischen Lebensweise verpflichten. Denn, wenn Orden heute eine prophetische Rolle spielen wollen, mit der sie sich sonst gerne brüsten, ja, wenn sie dem Bedürfnis der heutigen Zeit entsprechen wollen – dann gehört der Vegetarismus dazu. Dass die Orden keinen Nachwuchs haben, liegt unter anderem auch daran, dass sie an den wirklichen Problemen unserer Zeit vorbeigehen. Diese Probleme bilden ein Ganzes, ein unauflösbares Ineinander, dem die Ordensexistenz von ihrem Ansatz her verpflichtet ist:
  - die Frage nach Gott und dem eigenen Selbst (Meditation, Kontemplation, Gottesdienst),
  - die Frage nach den gleichen Chancen und den gleichen Rechten der Menschen (Gerechtigkeit, Frieden, Solidarität, Geschwisterlichkeit, geistliche Armut, umfassende Menschenwürde),
  - die Frage nach der Schöpfung (Ökologie, Ehrfurcht vor dem Leben, Tierschutz).

Alles hängt mit allem zusammen. Das Verhalten zum Tier ist eine Schnittstelle, an der dieses Ineinander von Gott, Gerechtigkeit und Schöpfung zusammenfließt. Darum mein Postulat einer grundlegenden vegetarischen Lebensweise in den Orden.

Als Ordensmann weiß ich natürlich, dass das ein nahezu unmögliches Postulat ist. Jemand hat mir einmal gesagt: Ich habe den Eindruck, dass das Essen des toten Fleisches bei vielen Ordensleuten und Priestern eine Ersatzhandlung darstellt für den Verzicht auf das lebendige

Fleisch, der ihnen durch den Zölibat auferlegt ist. Sicher ist das eine Unterstellung, aber vielleicht ist auch etwas dran. Der Fleischkonsum ist eine ähnliche heilige Kuh wie das Auto, mit ähnlichen umweltzerstörenden Folgen.

Es kann nicht angehen, dass man den hinduistischen Ashram als Modell empfindet, aber übersieht, dass zu einem Ashram der grundsätzliche Verzicht auf Fleisch gehört.

Es kann nicht angehen, dass wir überall die Zen-Meditation übernehmen, nicht aber auch den Verzicht auf Fleisch, der dazu wesentlich gehört.

Es kann nicht angehen, dass man die Gewaltlosigkeit Mahatma Gandhis preist, nicht aber auch den Fleischverzicht, der wesentlich zur Gewaltlosigkeit gehört.

Vor allem kann es nicht angehen, dass Klöster sich immer wieder versteifen, wenn Tierorganisationen sie auf nicht artgerechte Tierhaltung aufmerksam machen. Abt Martin Werlen von Einsiedeln hat dies eingesehen, indem er einen jahrelangen Streit zwischen dem Kloster Fahr und Tierschützern beendete. Klöster dürfen sich nicht mit dem Minimum begnügen, sie sind dem Optimum verpflichtet. Sie müssen weit über die vorhandenen Gesetze der Tierhaltung hinausgehen.

Im Zusammenhang mit dem Fleischkonsum wäre zudem die Frage zu stellen, wie weit das Tötungsverbot sich nicht auch auf jene Wesen bezieht, die wie wir leiden. Auch hier gehört alles mit allem zusammen: Das Leiden der Menschen darf nicht vom Leiden der Tiere abgespalten werden.[46] Ihre Qual muss nicht sein. Das Leiden ist bei Mensch und Tier zu meiden und zu mildern.

Alles hängt mit allem zusammen. Industrielle Lebensmittelproduktion ist oft gleichbedeutend mit Qualitätsverlust: Auberginen, die zwar schön aussehen, aber nicht schmecken; Fische, die schwarze Kiemen haben und zum Teil bereits beim Fang verdorben werden; Hybridpflanzen, welche die Bauern von den Großkonzernen abhängig machen; genmanipulierte Lebensmittel, welche unter falschem Vorwand durchgesetzt werden; Patentierungen zum Schaden der Bevölkerung, Privatisierung von Gütern, die der Allgemeinheit gehören. Bereits wendet sich der Chef des Nestlé-Konzerns dagegen, dass Wasser zu einem öffentlichen Recht erklärt wird. Und bereits entdeckt man, dass genveränderter Reis unter den Reis gemischt ist. Sage jemand, das sei kein gezieltes Vorgehen.

Auch hier einige Postulate:

- Verzichten wir grundsätzlich auf Lebensmittel aus industrieller Herstellung. Konsumaskese gehört seit alters her zu einem spirituellen Projekt: Qualität wollen wir, nicht Masse.
- Unterstützen wir die regionalen Betriebe, die sich ihrer Verantwortung für das Leben noch bewusst sind.
- Die großen Konzerne dagegen sind zu boykottieren.
- Und wir fordern eine Landwirtschaftspolitik, die dem Leben dient, eine Wirtschaftsnähe, welche gleichzeitig Nähe zum Leben bedeutet – hier bei uns und überall in der Welt. Alles hängt mit allem zusammen.
- Und wählen wir keine Partei, welche das Asylgesetz ebenso wie den Wirtschaftsliberalismus unterstützt. Nur so wird es eine markante Veränderung geben.

Alles hängt mit allem zusammen. Es ist gut, wenn sich Organisationen auf eine Not konzentrieren:

- für die Gottesfrage: Meditationshäuser und -bewegungen

- für die Gerechtigkeit: Brot für alle, Fastenopfer, Brot für die Welt, Misereor und andere Organisationen
- für die Tiere: jede Menge von Tierschutzorganisationen
- für die Umwelt: ökologische Initiativen und Institutionen
- für den Frieden: Greenpeace, Pax Christi
- gegen die Folter und die Todesstrafe: ACAT, Amnesty International usw.

Es ist gut, sich zu konzentrieren, aber gleichzeitig gilt es, immer das Ganze im Blick zu haben. Wir müssen vernetzt handeln, vor allem müssen wir einen Lebensstil entwickeln, der vor dem Ganzen bestehen kann. Und dazu gehört auch eine gewisse Radikalität, die für das Leben das Leben wagt – wie das Jesus von Nazaret vorgelebt hat. Das wäre die Spiritualität, die es heute braucht.[47]

Die Presse hatte von dieser Veranstaltung allerdings bloß stichwortartig berichtet und vor allem nur Schlagworte aufgegriffen, die in der Öffentlichkeit verständlicherweise Aggressionen auslösten. Dabei werden in meinem Vortrag – und auch für die Leser und Leserinnen dieses Buches – sozusagen alle Diskussionspunkte genannt, die im öffentlichen Raum breit diskutiert werden müssten.

2 Tierschutzorganisationen

Um diese breite Diskussion zu organisieren, braucht es Institutionen und Bewegungen, welche die Wortführung übernehmen. Dazu gehören in erster Linie die vielen Tierschutzorganisationen und Tierheimstiftungen. Sie leiden allerdings an zwei Handicaps:

Sie stehen in der Öffentlichkeit oft in einem schlechten Ruf. «Tierschützer» genannt zu werden, ist meist kein Kompliment. Viele Männer und Frauen scheuen sich, sich öffentlich als solche zu bekennen oder sich ehrenamtlich zur Verfügung zu stellen. Tierschützer gelten als «unfreundlich», «fixiert», und ihre Argumente werden als «nicht alltagstauglich» erfahren, wie Professor Dr. Jörg Luy, Fachtierarzt und Leiter des Instituts für Tierschutz und Tierverhalten an der Freien Universität Berlin sagt.[48] Hier wird von berufener Seite ein Postulat an die Tierschutzorganisationen selbst erhoben: Sie müssen an ihrem Image arbeiten und ihre Argumente schärfen.

Aus eigener Erfahrung weiß ich, dass in Tierschutzkreisen oft ein großer Konkurrenzkampf, ja Alleinvertretungsanspruch besteht, auch bezüglich der erhofften Spenden und Unterstützungsgelder. Damit ergibt sich ein weiteres Postulat: die Überwindung von Egoismen, vermehrte Zusammenarbeit.

Trotz dieser beiden Negativpunkte sind die organisierten Tierschutzbünde die natürlichen Partner für die Politik, die Parteien, die Wirtschaft, die Landwirtschaft, Tierhalter, Transporteure … Sie haben in den letzten Jahren durch pragmatisches und vernunftorientiertes Vorgehen besonders in der Schweiz eine wesentliche Verbesserung für den Tierschutz gebracht. Bei der Nutztiertagung des Schweizer Tierschutz STS vom April 2011 stellten das auch Tiertransportunternehmer, Metzger, Fleischanbieter, Tierhalter ausdrücklich fest. Es sei für sie sogar eine Frage der Reputation, den vernünftigen Forderungen des Tierschutzes entgegenzukommen. Dass damit noch nicht alles erreicht ist, ist klar. Kompromiss und pragmatisches Vorgehen führen jedoch weiter als absolut vorgetragene Idealvorstellungen. So sagte Heinz Lienhart, Präsident des STS, während der öffentlichen Vernissage meines Buches über das Tierverhalten des Franz von Assisi: «Mit der Einstellung des Franz von Assisi hätten wir nie erreicht, was wir zum konkreten Wohl des Tieres in der Schweiz zustande gebracht haben.»

Kompromissfähigkeit ist tatsächlich *die* Voraussetzung für eine Politik, die auch etwas bewirkt. Wer Veganer oder Vegetarier ist, kann seine – vielleicht sogar richtige – Lebensweise nicht hier und jetzt in der ganzen Gesellschaft durchsetzen wollen, wenn es ihm wirklich um das Tier geht. Er muss wie andere Gruppen in der Gesellschaft seine Ziele schrittweise, pragmatisch umzusetzen suchen. Das Mittel ist der Kompromiss.

Dennoch braucht es auch Tierorganisationen, die sich nicht in erster Linie als Partner in der Gestaltung tierfreundlicher Rahmenbedingungen verstehen, sondern extrem unmenschliche und unmoralische Aspekte in der Tierhaltung und bei Tierversuchen aufdecken und anprangern: Es braucht Animals' Angels, damit die unmoralischen und meist illegalen Langzeittransporte von Tieren nicht im Verborgenen bleiben; es braucht Organisationen wie den «Verein gegen Tierfabriken», welche die Zustände in den Ställen dokumentieren oder Tierversuche beklagen. Aggression oder gar gewalttätige Aktionen von Tierschützern sind oft Taten aus Verzweiflung und aus Mitgefühl angesichts des unerträglichen Tierleides und der offensichtlichen Gleichgültigkeit der Öffentlichkeit. Dies muss ebenso ernst genommen werden wie das Leiden der Tiere.

Neben den Tierschutzorganisationen müssen auch andere Organisationen als Wortführer benannt werden: Umweltverbände (Greenpeace, World Wide Fund …), Menschenrechts- und Hilfsorganisationen (Misereor, Fastenopfer, Brot für alle, Brot für die Welt, Adveniat, Renovabis, «Erklärung von Bern» …), zahlreiche Basisgruppen und Initiativen. Viele dieser Organisationen haben bereits einen klaren Zusammenhang ihrer eigenen Zielvorstellungen mit den Problemen um das Tier erkannt. Andere meinen, dass eine einmalige Behandlung des Themas für längere Zeit genügt. Damit aber schaden sie auch ihrer eigenen Intention. Denn alles ist heute mit allem vernetzt.

3 Kirchen und Orden

Kirchen und Orden kommt von ihrem Selbstverständnis her eine bedeutende Rolle in der Sensibilisierung für das Leben ganz allgemein zu. Dass ist ihre genuine Sache, denn sie bekennen sich zum «Gott der Lebenden und nicht der Toten» (Lukas 20,38). Die Kirchen dürfen nicht einfach die materialistischen Auffassungen und ökonomischen Interessen der «Welt» übernehmen, sie müssen vielmehr eine Alternative dazu leben. Wenn die Kirche dieser Berufung nicht folgt, müssen immer wieder Menschen auftreten, Propheten, die sie zu ihrer Berufung zurückrufen.

So entstanden die Orden, die sich einer verweltlichten Kirche entgegenstellten und sich im ganzen ersten Jahrtausend zum Fleischverzicht verpflichtet wussten. Bis heute definieren sie sich unter anderem durch «Konsumaskese» und das Gelübde der sogenannten «Armut», durch einen anderen ökonomischen Lebensstil also, könnte man sagen.

Dies gilt nun auch für den Tierschutz. Dieser kann auf eine überzeugende Weise theologisch begründet werden, wie ich im vierten Teil dieses Buches noch zeigen werde. Darum ist von großer Bedeutung, dass Franz von Assisi und Albert Schweitzer zu den großen Tierliebhabern gehören und dass in der Beschreibung heiliger Menschen immer ein versöhntes Verhältnis zum Tier hervorgehoben wird. Deswegen ist es nicht verwunderlich, wenn es immer wieder Pfarrer sind, die sich für den Tierschutz einsetzten.

So gründete in Großbritannien Pastor Arthur Broome zusammen mit Parlamentsmitgliedern 1824 die «königliche Gesellschaft zur Verhütung von Grausamkeiten an Tieren», die erste Tierschutzorganisation überhaupt, mit Auswirkungen bis nach Amerika. Ihm folgten die Stuttgarter Stadtpfarrer Christian Adam Dann (1758–1837) und sein Nachfolger Albert Knapp (1798–1864) mit der Gründung des ersten deutschen Tierschutzvereins im Jahre 1837. Pfarrer Dann, ein Pietist, schrieb 1819 die Bittschrift «Bitte der armen Thiere, der unvernünftigen Geschöpfe, an ihre vernünftigen Mitgeschöpfe und Herren, die Menschen» und 1833 den «Notgedrungenen Aufruf zur Linderung des unsäglichen Leidens der in unserer Umgebung lebenden Tiere».[49] Aus der Initiative dieser beiden Pfarrer entstand dann nicht nur ein bis heute existierendes Tierheim, sondern auch der «Deutsche Tierschutzbund». Ebenso hat der Schweizer Tierschutz STS, der im August 2011 sein hundertfünfzigjähriges Bestehen feiert, einen Kirchenmann zum Gründer, den reformierten Weininger Pfarrer Philipp Heinrich

Wolff (1822–1903). 1856 gründete er den «Zürcherischen Verein gegen Tierquälerei», den heutigen «Zürcher Tierschutz», und rief 1861 in Olten zur ersten «Versammlung von Abgeordneten schweizerischer Thierschutz- und landwirtschaftlicher Vereine». Diese führte zum heutigen «Schweizer Tierschutz STS». Lange Jahre war der Pfarrer auch Redaktor der «Schweizerischen Thierschutzblätter», deren Nachfolger der «Tierreport» ist. Es ist anzunehmen, dass auch in anderen Ländern Pfarrer und Theologen zu nennen wären, die sich zum Tierschutz nicht nur öffentlich bekannten, sondern darin auch eine führende und begründende Funktion ausübten.

Für den deutschen Sprachraum ist das evangelische Pfarrerehepaar Christa und Michael Blanke zu erwähnen, welche «AKUT Aktion Kirche und Tiere» und später dann «Animals' Angels» gegründet haben. Während die Animals' Angels heute in einem säkularen Raum wirken, versteht sich AKUT als kirchliche Basisbewegung, welche das Engagement der Kirche auch für die Tiere fordert. Ebenso sind es zwei katholische Theologen, welche in Münster/Westfalen das neue «Institut für theologische Zoologie» gründeten.

Im Unterschied zu diesen Initiativen überzeugter Christinnen und Christen ist leider das Engagement vonseiten der offiziellen Kirchen nicht gerade ausgeprägt. Der Tierschutz ist heute weitgehend Sache säkularer Organisationen. Viele Menschen sind diesbezüglich von den Kirchen bitter enttäuscht, und viele sind darum auch in Distanz zur Kirche getreten. Den kirchlich engagierten Tierschützern unterstellt man oft, dass sie durch ihr Tun das tatsächliche Defizit der Kirchen in Sachen Tierschutz eigentlich nur vernebeln. Die Kirche selbst stünde dagegen in Tat und Wahrheit nicht dahinter. Beispiel für eine solche Enttäuschungserfahrung ist eine Briefaktion der Initiative «Schüler für Tiere» (www.schueler-fuer-tiere.de):

Tierschutz? – Wir fragen die Kirchen

Im Juli 2005 schickten wir, die «Schüler für Tiere», an katholische und evangelische Kirchen in ganz Deutschland einen Brief, in dem wir sie auf das Thema des Tierschutzes ansprachen. Unser Ziel war es, herauszufinden, welche Anstrengungen die einzelnen Kirchen unternehmen, um das Leid der Tiere zu vermindern und um die Menschen zu sensibilisieren.

Insgesamt stellten wir in unserem Brief zwei Fragen, auf die wir uns eine genaue Antwort erhofften. – Wir wurden bitter enttäuscht!!!

Nur 21 von 50 Kirchen hielten es überhaupt für nötig, uns zu antworten. Die Antwortschreiben variieren von 8 Zeilen bis hin zu 3 Seiten. Doch sie alle ähneln sich in einem Punkt sehr: Unsere Fragen werden größtenteils überhaupt nicht beachtet, geschickt umgangen oder so beantwortet, dass man sich die ganze Arbeit eigentlich hätte sparen können. Nur bei vier Kirchen hat man das Gefühl, auf Verständnis und Eigeninitiative zu stoßen. Doch dazu später.

Unsere erste Frage lautet: Wer gibt uns Menschen das Recht, so würdelos, tierverachtend und extrem grausam mit unseren Mitgeschöpfen umzugehen?

Hierauf antworten ausschließlich der Bischof von Essen, Dr. Felix Genn, und die Evangelisch-Lutherische Landeskirche in Braunschweig. Ansonsten wird diese Frage völlig außer Acht gelassen.

Auf unsere zweite Frage jedoch, was die Kirchen denn gegen das Tierleid zu tun gedenken, bemühen sich alle Würdenträger, ihre zahlreichen Anstrengungen für die Tiere hervorzuheben. Leider kann man nur das Wenigste wirklich als Antwort oder als Beweis der Tat bezeichnen. Die meisten verweisen auf ihre häufigen Schriften zu diesem Thema, nicht selten aus den 80er oder 90er Jahren, und erwähnen ihre Tagungen, bei denen nach genauen Nachforschungen allerdings keine Spur von Bezügen zum Tierschutz oder zu Ähnlichem zu entdecken ist. Der Bischof von Fulda zieht sich sogar sehr elegant aus der Affäre, indem er das Handeln der Kirche einfach von allen Christen abhängig macht, und die Kirche also nichts weiter tun kann, als auf Bemühungen seitens ihrer «Schäfchen» zu hoffen. Eigentlich sollte ihm klar sein, dass wir mit unserer Frage auf seine handelnde Tätigkeit in seiner Funktion als Bischof anspielten, und (in diesem Fall) nicht auf die der Gemeinde. Natürlich ist er, wie alle anderen auch, unserer Meinung, dass die heutigen Zustände in Sachen Tierschutz verheerend sind, doch die Hubertusmessen, nein, die wolle er dann lieber doch nicht abschaffen.

Insgesamt behaupten alle Angeschriebenen von sich, das Äußerste für die Tiere zu unternehmen, doch im Endeffekt gebrauchen die meisten nur leere Worte.

Allerdings, wie schon erwähnt, gibt es 4 Kirchen, die überzeugen, zum Beispiel durch ihre fundierten Antworten oder durch ihre Leistungen für den Tierschutz.

Die Evangelisch-Lutherische Landeskirche in Braunschweig wirkt durch ihr aufwendiges, wohlüberlegtes Antwortschreiben glaubwürdig, allerdings hätten wir uns hier noch konkretere Beschreibungen ihres Handelns gewünscht.

Die Bischöfin Bärbel Wartenberg-Potter der Nordelbischen Evangelisch-Lutherischen Kirche berichtet von einem Preis, den ihre Kirche jährlich an drei landwirtschaftliche Betriebe vergibt, die ihre Tiere besonders artgerecht halten. Außerdem schreibt sie von der von ihrer Kirche praktizierten «Franziskusmesse» zugunsten der (Haus-)Tiere, über deren Wirkung sich allerdings streiten lässt.

Das Bistum Regensburg vergibt alle zwei Jahre einen sogenannten Schöpfungspreis, den «Genesis 2006», der in der Gemeinde zum Nachdenken und zu Verbesserungsvorschlägen im Umgang mit Tieren führen soll. Natürlich klingt dies etwas mager, doch dieses Bistum tut mehr, als die anderen 46 angeschriebenen Kirchen von sich behaupten können. Es ist immerhin ein Anfang und besser als gar nichts.

Zu guter Letzt, möchten wir noch das Bistum von Osnabrück loben, das seine Ländereien nur mit vertraglichen Aufgaben zum Artenschutz verpachtet, und das traditionell Tiersegnungen durchführt, die allerdings mehr dem Haus- als dem Nutztier dienen. Doch als Sensibilisierung der Kleinsten kann dies durchaus ein geeignetes Mittel sein.

Wir schließen hiermit also diese Auswertung mit gemischten Gefühlen ab, da wir sowohl einigermaßen erfreuliche als auch, leider überwiegend, ignorante und negative Antwortschreiben erhalten haben. Es zeigt sich ganz deutlich, dass die meisten Landeskirchen bzw. Bistümer nur in ungenügender Weise ihren Verpflichtungen der Schöpfung gegenüber nachkommen. Viele geben vor, sich mit dem Thema Tierschutz auseinanderzusetzen, doch bei kaum einem wirkt diese Behauptung glaubwürdig. Wir können also nur hoffen, dass wir durch unseren Brief an die Kirchen einige von diesen zu verstärktem Handeln, oder wenigstens zum ernsthaften Nachdenken, angeregt haben, und dass die bereits aktiven Kirchen möglichst viele Menschen für den Tierschutz sensibilisieren können – um der Tiere willen.

Denise Küpper, 10. Klasse – Schüler für Tiere[50]

Angesichts dieser enttäuschten Erwartungen einerseits und angesichts der Zeitanalyse anderseits muss die Kirche auf die Dringlichkeit einer Umkehr im biblischen Sinn hinweisen. Vor Jahren gab es einmal unter dem Motto «Die Zeit drängt» den konziliaren Prozess für Gerechtigkeit, Frieden und Bewahrung der Schöpfung, von dem heute nicht mehr viel zu bemerken ist. Darum richtete die «Aktion Kirche und Tiere» (AKUT) in der Schweiz folgenden Aufruf an die Kirchen:[51]

Aufruf an die Kirchen, an ihre Mitglieder und all ihre Einrichtungen und Institutionen zu einem lebensfreundlichen und nachhaltigen Lebensstil und zum Engagement für unsere Mitgeschöpfe, die Tiere

Wir appellieren an

jeden einzelnen Gläubigen,

- sich dafür zu interessieren, was für zerstörerische oder lebensförderliche Auswirkungen unsere Zivilisation und Lebensweise auf Menschen und Tiere hat,
- eine Grundhaltung der Ehrfurcht und Dankbarkeit vor dem Leben einzuüben,
- einen Lebensstil zu finden, der Menschen, Tiere und die ganze Schöpfung möglichst wenig belastet, der mit weniger oder sogar ohne Fleisch auskommt und wo immer möglich fair, biologisch, artgerecht und kli-

mafreundlich hergestellte, verteilte und entsorgbare Güter bevorzugt,
- sich bewusst zu machen, dass den Tieren als Geschöpfe Gottes eine eigene Würde zukommt und sie deshalb einen besonderen Schutz vor Gewalt, Ausrottung und Ausbeutung benötigen,
- Organisationen (auch in den Kirchen) zu unterstützen, die sich für gerechtere und friedlichere Verhältnisse für Menschen und Tiere einsetzen;

kirchliche Gemeinden und Einrichtungen,
- selbst Initiativen für einen schöpfungsverantwortlichen Lebensstil zu ergreifen und zu fördern,
- bei Liegenschaften die Lebensräume der Tiere zu schützen und zu fördern sowie bei Materialbeschaffungen, Anlässen und Festen auf naturnahe, artgerechte, Lebensraum erhaltende und faire Produkte zu achten und vegetarische Varianten auszuprobieren;

die Verantwortlichen der Kirchen,
- die Würde und das Leiden der Tiere in ihren Stellungnahmen nicht länger auszusparen, sondern ausdrücklich und immer wieder zu thematisieren und in ethische Fragen einzubeziehen und dabei die Zusammenarbeit mit anderen Kirchen und Religionen zu suchen,
- AKUT, die Aktion Kirche und Tiere, anzuerkennen und zu beauftragen, die Würde der Tiere in Kirche und Gesellschaft herauszustellen;

Orden und religiöse Gemeinschaften,
- zu ihren lebensfreundlichen, fleischarmen oder gar fleischlosen Traditionen zurückzufinden,

- eine vorbildliche und prophetische Rolle im fairen Umgang mit den Gaben des Lebens und allen Geschöpfen einzunehmen und einen einfachen, für Menschen und Tiere schonenden, nachhaltigen und dankbaren Lebensstil vorzuleben und andere dazu zu ermutigen.

Warum wir diesen Appell lancieren

1. Wir wollen nicht länger zusehen, wie menschliche Zivilisationsformen unsere Erde in allen Bereichen verwüsten und die Grundlagen des Lebens zerstören. Wir müssen nun grundlegende Entscheidungen treffen für lebensfreundlicheres Wirtschaften mit den Gütern, Gaben und Geschöpfen dieser Erde, und zwar auf persönlicher, lokaler, regionaler und globaler Ebene und mit allen Kräften.
2. Wir sind uns bewusst, dass wir nicht nur gegen mächtige finanzielle und politische Interessen, Strukturen und Personen antreten, sondern auch mit Gleichgültigkeit und Bequemlichkeit vieler Menschen zu rechnen haben. Wir geben aber die Hoffnung nicht auf, dass der Ernst der Lage, unsere christliche Botschaft und gelebte Alternativen überzeugend wirken werden.
3. Zusammen mit vielen anderen staatlichen und zivilgesellschaftlichen Organisationen und Personen aus Politik, Wissenschaft, Wirtschaft, Kultur, Religion wollen wir zur notwendigen theoretischen, praktischen und spirituellen Wende beitragen. Wir fordern nichts weniger als eine grundsätzlich respektvollere Lebensweise der Menschen, die sich nicht mehr nimmt, als diese Erde vertragen kann.
4. Innerhalb der großen Bewegung für Frieden, Gerechtigkeit und Bewahrung der Schöpfung achten wir – die

Aktion Kirche und Tiere – besonders auf unsere Mitgeschöpfe, die Tiere, deren Leid so oft vergessen wird, auch in den Kirchen. Wir stellen fest, dass es dieselben zu verändernden Mechanismen sind, die Menschen ausbeuten und Tiere zu Material degradieren. Wir glauben, dass die Tiere heute einen lebenswichtigen Schutz verdienen, sind doch Millionen von ihnen alltäglich als einzelne Tiere, als Massenware oder ganze Arten einer nie dagewesenen respektlosen und brutalen Wirtschaftsweise wehrlos ausgeliefert.

5. Die Zeit drängt. Die Zerstörungen sind schon weit fortgeschritten. Bitte unterschreiben Sie unseren Aufruf und setzen Sie mit uns und vielen anderen diesen schöpfungsverträglichen Lebensstil um, auf dass Menschen und die Tiere, unsere Mitgeschöpfe, und Leben überhaupt auf unserer Erde noch sehr lange eine lebensfreundliche Zukunft hat.

AKUT Schweiz, Ennemoos im Juli 2011

Ganz unverständlich bleibt die Antwort eines Schweizer Bischofs, den AKUT als Erstunterzeichner gewinnen wollte: Solange menschliches Leben in seiner Anfangs- und Schlussphase keinen ausreichenden gesetzlichen Schutz erführe, sei an eine Unterstützung des AKUT-Appells nicht zu denken. Die Reaktion bestätigt erneut, dass die Kirchen nur schwer für eine tierfreundliche Haltung zu haben sind. Dass sie damit aber auch nochmals Gründe liefern, sich von der Kirche zu entfernen, ist ihnen nicht im Ansatz bewusst.

Kirchen und Orden müssen Propheten und Wortführer für eine hoffnungsvolle Zukunft sein, in der das Leben für Pflanzen, Tier und Mensch zur vollen Geltung kommt. Dies bringt auch ein Text zum Ausdruck, der auf der 8. Konferenz des Europäischen Umwelt-Netzwerkes (ECEN) «Unser tägliches Brot» verfasst wurde (Prag 2010). ECEN ist ein Instrument der Konferenz Europäischer Kirchen zur Auseinandersetzung mit Natur und Umwelt aus der Perspektive christlicher Theologie und Lebensart, ein kirchliches Netzwerk zur Förderung der Kooperation in punkto Schöpfungsverantwortung. Der Prager Appell von 2010 ist an die Kirchen adressiert und von äußerster Dringlichkeit.

8. Konferenz des Europäischen Christlichen Umwelt-Netzwerkes
«Unser tägliches Brot – Leben in einer Zeit des Klimawandels»
Prag, 9.–13. Juni 2010

Ein Aufruf an die europäischen Kirchen und Christen

Liebe Freunde in Christo,
Wir, 85 Teilnehmer aus 23 Ländern, schreiben Euch von der Konferenz des Europäischen Christlichen Umwelt-Netzwerkes (ECEN), die vom 9.–13. Juni 2010 am Internationalen Baptistischen Theologischen Seminar in Prag zum Thema «Unser Tägliches Brot – Leben in einer Zeit des Klimawandels» stattfand, mit Beiträgen von Kirchen mit orthodoxen, protestantischen und römisch-katholischen Traditionen.

In Anbetracht der ernsten aktuellen sozialen, wirtschaftlichen und finanziellen Krisen bitten wir die Kirchen und Christen Europas, wachsam zu sein und wo immer möglich Tendenzen entgegenzutreten, die uns von ökologischer Nachhaltigkeit ablenken und abhalten.

Trotz des enttäuschenden Ausgangs der internationalen Verhandlungen in Kopenhagen von letztem Dezember bleiben viele unserer Kirchen aktiv, um den Herausforderungen des katastrophalen Klimawandels zu begegnen, der Gottes Schöpfung auf Erden bedroht. Wir sind schon Zeugen des Aussterbens von lebenden Organismen und des Verlustes der ökologischen Nachhaltigkeit auf der ganzen Welt und zwar insbesondere in den verletzlicheren Länder, Gemeinschaften und Lebensräumen. Auch Vertriebene und Umweltflüchtlinge warten auf Gerechtigkeit – in Europa und anderswo.

Die Konsequenzen des Klimawandels treffen die Armen und Unterprivilegierten oftmals härter als die, die die Schäden verschulden. Diese Ungerechtigkeit wird weiter gefördert, manchmal mit militaristischem Eifer. Wir glauben, dass unseren Kirchen eine wichtige Rolle bei der Bewältigung dieser Herausforderungen zukommt, und tatsächlich muss ihr Engagement in Basisarbeit und Kampagnen vor und nach Kopenhagen anerkannt werden.

Unsere Konferenz hat eindringlich die Verquickung unserer Lebensmittelproduktion mit der Umweltzerstörung aufgezeigt. Die modernen Lebensstile und Ernährungsmuster bringen große Risken für unsere Zukunft. So ist zum Beispiel laut der Welternährungsorganisation FAO die gegenwärtige intensive Fleischproduktion der wichtigste Faktor bei den weltweiten Treibhausgasemissionen, und das Bestreben, Lebensmittel möglichst billig zu produzieren, fordert einen hohen ökologischen Preis. Oft ist der Boden überlastet, Chemikalien werden exzessiv eingesetzt, und die Biodiversität geht verloren. Viele Wildpflanzen und -tiere sind durch den Verlust ihres Lebensraumes von der Ausrottung bedroht. Die gegenwärtig benötigten Mengen von Energie und Wasser für die industrielle Landwirtschaft sind unhaltbar. Zusätzlich ergeben sich ernste ethische Probleme für Christen aller Kirchen durch den Transport von Lebensmitteln über weite Distanzen, die Risiken der genetischen Modifikation von Organismen, Unsicherheit in der Nahrungsbeschaffung und exzessive Abhängigkeit von intensiver Fleischproduktion.

Auf Glauben fußende Organisationen müssen ihre Berufung weiterentwickeln und Hoffnung bringen, indem sie durch die Gegenwart des Heiligen Geistes überall Worte zu Taten werden lassen. Unsere Hoffnung beruht auf dem Evangelium des dreifaltigen Gottes, der die Welt erschafft, erlöst und heiligt und uns als Mitarbeiter des Schöpfungsaktes in den göttlichen Akt der Liebe einbindet. So wollen wir die kirchlichen Führer, die Kirchenräte und alle an Christus Glaubenden ermutigen, diese Herausforderungen in punkto Ernährung anzunehmen, mit uns einer breiteren Öffentlichkeit ihre Besorgnis zu manifestieren und durch Vorleben einer neuen Art von Nachhaltigkeit eine Führungsrolle zu übernehmen.

Wir laden Sie daher ein, mit uns Bewusstsein und Engagement zu verstärken im Wissen, dass das «tägliche Brot» für alles Leben eine Gottesgabe ist. Erkennen wir, dass die Ernährung der Weltbevölkerung schwerwiegende Fragen aufwirft, weil hungrige oder unterernährte Menschen sich nicht im Ebenbild ihres Schöpfers entwickeln können. Dies ist ein Unrecht!

Weiters sollten wir uns vor Augen halten, dass unabhängig von ihrem Wert für den Menschen die gesamte Natur für den dreieinigen Gott einen Wert darstellt.

Unsere leidenschaftliche pastorale Verantwortung für künftige Generationen von menschlichem und nichtmenschlichem irdischem Leben macht uns sehr besorgt über diese komplexen, aber sehr realen Ernährungsprobleme. Wie Fjodor Dostojevski sagte: Nahrung für mich ist eine materielle Sache, Nahrung für meinen Nachbarn aber eine spirituelle.

Zu guter Letzt wollen wir in dieser kritischen Zeit, die einen «Kairos»-Moment für uns darstellt, eine Reflexion auf das Vaterunser zum Gebrauch in Ihrer eigenen Kirche und Seelsorge anbieten.

Hochachtungsvoll

Die Delegierten und Teilnehmer der Konferenz in Prag[52]

4 AKUT – Aktion Kirche und Tiere

Seit ihrer Gründung durch das evangelische Pfarrerehepaar Christa und Michael Blanke kämpft die «Aktion Kirche und Tiere» (www.aktion-kirche-und-tiere.de) innerhalb der Kirche für ein Engagement für das Tier. Das sogenannte «Glauberger Bekenntnis» (1988) benennt auf eindrückliche Weise die Schuld der Kirche an den Mitgeschöpfen:

Wir bekennen vor Gott, dem Schöpfer der Tiere
und vor unseren Mitmenschen:
Wir haben als Christen versagt,
weil wir in unserem Glauben die Tiere vergessen haben.
Wir waren als Theologen nicht bereit,
lebensfeindlichen Tendenzen in Naturwissenschaft
und Philosophie
die Theologie der Schöpfung entgegenzuhalten.

Wir haben den diakonischen Auftrag Jesu verraten
und unseren geringsten Brüdern, den Tieren, nicht gedient.
Wir hatten als Pfarrer Angst,
Tieren in unseren Kirchen und Gemeinden Raum zu geben.
Wir waren als Kirche taub
für das Seufzen der misshandelten und ausgebeuteten Kreatur

Die Schweizer Sektion von AKUT (www.aktion-kirche-und-tiere.ch/akut.html) definiert sich inzwischen wie folgt:

> AKUT (Aktion Kirche und Tiere) ist eine kirchenkritische Basisbewegung, die einerseits die Anliegen des Tierschutzes in die Kirchen hineintragen und anderseits spirituelle Grundeinsichten für die Tierschutzbewegung fruchtbar machen will.
>
> Wir sind überzeugt, dass es letztlich nichts bringt, wenn wir uns aktionistisch nur für einzelne Tiere einsetzen. Wir wollen aus einem philosophisch-theologischen und spirituellen Hintergrund heraus und genährt von der Verhaltensforschung im Bereich des Tieres eine Bewusstseinsveränderung erzielen.
>
> Geleitet sind wir durch die Einsicht, dass sich ein neues Verhältnis zum Tier aus verschiedenen Gründen aufdrängt:
>
> - Theologisch: Das Tier ist ein Geschöpf Gottes. Es steht nach der Bibel dem Menschen am nächsten, ist wie dieser aus der Erde geschaffen und von der Lebenskraft Gottes angehaucht.

- Philosophisch: Das Tier ist «Selbstzweck», es ist nicht einfach nur da, um uns für Konsum, Forschung und Belustigung zur Verfügung zu stehen.
- Ökologisch: Die industrielle Landwirtschaft bzw. die Massentierhaltung ist verantwortlich für 20 Prozent der Treibhausgasemissionen, für 60 Prozent der Phosphor- und Stickstoffemissionen, für 30 Prozent der Gift-Emissionen in Europa, für 70 Prozent des weltweiten Süßwasserbedarfs. Eine Abnahme der Artenvielfalt auch im Bereich der Tiere ist lebensgefährlich.
- Humanistisch: Armut und Hunger (jeden Tag 100.000 Tote) sind mit verursacht durch den übermäßigen Fleischkonsum. Gewalt gegenüber Tieren und Menschen hat die gleichen Wurzeln. Ehrfurcht vor dem Leben verlangt Gewaltlosigkeit.

Die Mittel, welche AKUT zur Erreichung ihres Zieles einsetzt, sind Stellungnahmen, Gottesdienst- und Predigtangebote, Vorträge, Ausstellungen («Tiere an der Krippe») und Konzerte. Geplant ist ein Erlebnisraum für «Mensch und Tier». AKUT Deutschland hat 2010 sogar zu einem Kirchentag für Mensch und Tier eingeladen – mit großem Aufwand und mäßigem Besuch.

5 Tierfreundliche Gemeinde

AKUT plant auch ein Label «Tierfreundliche Kirchgemeinde», für das solide Kriterien erarbeitet werden müssen. Ein solches Ziel ist nicht unerreichbar, da es viele engagierte Gruppen (fair trade, Eine-Welt, ökologische Initiativen …) gibt, die bereits Aspekte eines solchen Vorhabens verwirklichen.

Ein besonders faszinierendes Beispiel ist die Pfarrgemeinde St. Michael in Schweinfurt, wo Pfarrer Roland Breitenbach und Diakon Stefan Philipps unter dem Stichwort «Arbeit – Integration – Anerkennung» eine «Lebensküche» gegründet haben. Auf einzigartige Weise werden hier soziale Probleme (Arbeitslosigkeit, Integration, Anerkennung) mit einer ökologischen Perspektive angegangen. Die Gruppe stellt sich in den Dienst des Lebens. Sie stellt «Lebensmittel» her und setzt sie gegen die «Todesmittel», zu denen heute auch das Fleisch gehört. Stattdessen stellt sie «Lebenswurst», «Lebenssuppe», «Lebensbrot» und so weiter her, alles vegetarisch, wenn nicht sogar vegan. Der damalige Bundeswirtschaftsminister Michael Glos hat 2006 der Initiative einen Besuch abgestattet und die Schirmherrschaft übernommen. Bei dieser Gelegenheit meinte er: «Das ist eine Schirmherrschaft, die weitaus sinnvoller ist als manches, das ich pflichtgemäß übernehme.» Man kann nur hoffen, dass dem Politiker die Worte aus dem Innersten geflossen und darum so gemeint sind, wie sie gesprochen wurden. Jedenfalls wird an diesem Beispiel die politische Bedeutung einer solchen Initiative deutlich. Sie verkauft übrigens ihre Produkte über die Landesgrenze hinaus.[53]

Ähnliche Initiativen und Aktionen müssten heute flächendeckend in Erscheinung treten. Sie sind mehr als intellektuelle Anlässe geeignet, das neue Bewusstsein gesellschaftlich zu verankern.

6 Institut für theologische Zoologie

Zusammen mit Dr. Rainer Hagencord habe ich an der Philosophisch-theologischen Hochschule der Kapuziner in Münster ein Institut gegründet, welches ein Gespräch über das Tier auf hohem Niveau anstrebt, das «Institut für theologische Zoologie». Verhaltensforschung, Biologie, Zoologie, Philosophie und Theologie sollen in einen wissenschaftlichen Diskurs geführt werden, der die Voraussetzungen schaffen soll, damit ein neuer gesellschaftlicher Konsens entsteht.

Professor Dr. Norbert Sachser, Leiter des Instituts für Verhaltensbiologie an der Universität Münster/Westfalen und Mitglied des Kuratoriums des Instituts für theologische Zoologie, stellt fest:

> Die Forderung nach dem interdisziplinären Diskurs zwischen den Natur- und Geisteswissenschaften hat Konjunktur. Beispiele gelungener Synthesen sind jedoch rar. Dies verwundert nicht, bedürfen solche Synthesen doch sowohl des soliden Wissens in verschiedenen Fachgebieten als auch der Fähigkeit, deren unterschiedliche «Sprachen» zu sprechen und zu verstehen. Umso erfreulicher war die Erfahrung, dass ein solcher Brückenschlag zwischen Theologie und Verhaltensbiologie möglich ist. Diese machte ich unter anderem in den vielen Diskussionen mit Dr. Rainer Hagencord während der Anfertigung seiner Dissertation: «Das Tier: Eine Herausforderung für die christliche Anthropologie. Theologische und verhaltensbiologische Argumente für einen Perspektivenwechsel», die ich als «biologischer» Mentor betreute. Durch diese Promotion lernte ich auch den «theologischen» Mentor der Arbeit kennen: meinen Kollegen Professor

Klaus Müller vom Seminar für philosophische Grundfragen der Theologie. Gemeinsam mit ihm und Rainer Hagencord führten wir ein Seminar für Studierende der Biologie und Theologie zur Mensch-Tier-Beziehung durch und veranstalteten ein internationales Symposium: «Theology Meets Biology. Anthropological Perspectives on Animals and Human Beings». Die in dieser Zusammenarbeit gewonnenen Erfahrungen bestätigten: Interdisziplinarität ist wichtig und machbar! Deshalb habe ich große Sympathie für das Projekt einer «theologischen Zoologie» und wünsche ihm gutes Gelingen.[54]

Selbstverständlich soll dieses interdisziplinäre Gespräch nicht nur am genannten Institut erfolgen, sondern in der ganzen wissenschaftlichen Gemeinschaft. Die Zeit ist vorbei, in der «die europäischen Gelehrten darüber wachten, dass ihnen keine Tiere in der Ethik herumlaufen».[55]

7 Parteien

Zur Erreichung politischer Rahmenbedingungen sind natürlich auch die Parteien unentbehrlich. Da das Thema «Tier» in den traditionellen Parteien nicht oder nicht in genügender Weise präsent ist, haben sich in den letzten Jahren fast überall in Europa «Parteien für das Tier» gebildet: 1993 in Deutschland, 2002 in den Niederlanden, 2008 in Österreich, 2010 in der Schweiz. Bei dieser Partei geht es allerdings nicht nur um das Tier, wie man vermuten könnte, sondern um den ganzen Zusammenhang von Mensch, Umwelt und Tier.

Deswegen nennen sich diese Lobbyisten für das Tier auch MUT-Parteien, nach den Initialen der genannten Dreiergruppe.

Man kann sich natürlich fragen, was eine Partei soll, die auf so einen relativ kleinen Bereich fokussiert ist. Aber vielleicht ist es ähnlich wie bei der Partei der Grünen, welche anfänglich auch belächelt wurde wegen ihres angeblichen Nischenproblems, bis man erkannt hat, dass sich in dieser Nische das Ganze spiegelt. Heute sind die Probleme, die früher die Grünen «bewirtschafteten», Allgemeingut geworden. Eine Tierpartei, könnte man sagen, ist so lange eine Notwendigkeit, bis die Gesellschaft erkennt, dass sich im Tier alles zeigt, was für das Leben als solches wesentlich ist. Tatsächlich haben auch meine Ausführungen aufweisen wollen, hoffe ich, dass sich soziale, ökologische und tierethische Aspekte im Verhalten des Menschen zum Tier spiegeln.

Dies kann abgelesen werden am Programm der jüngsten «Partei für das Tier» (Schweiz). Unter dem Titel: «Wir geben den Tieren eine Stimme» heißt es auf der Homepage der Partei (www.tierpartei.ch):

> Die Tierpartei Schweiz (TPS) vereinigt Personen, die sich gemeinsam für die Interessen der Tiere in Politik, Wirtschaft und Gesellschaft einsetzen. Sie steht ein für einen verantwortungs- und würdevollen Umgang mit allem Leben (Tier, Mensch, Umwelt).
> Die Tierpartei bekennt sich zu einer ethischen, auf Nachhaltigkeit und Respekt basierenden Grundhaltung. Zu ihren Schwerpunkten gehören insbesondere:
> - Schutz der Tiere und Förderung derer Interessen
> - Sensibilisierung und Förderung eines artgerechten Umgangs mit Tieren

- Verbesserung der Beziehung zwischen Mensch und Tier
- Ersatz von Tierversuchen durch medizinisch und ethisch vertretbare Methoden
- Stärkung einer nachhaltigen, auf ethischen Grundsätzen basierenden Schweizer Agrarwirtschaft
- Schutz und Förderung der natürlichen Lebensräume der Tiere
- Förderung einer innovativen, umweltverträglichen und ethisch-sozial vertretbaren Schweizer Wirtschaft
- Unterstützung einer nachhaltigen Energiepolitik unter Einbezug von ökologischen und innovativen Ideen.

In ihrem Positionspapier benennt die Schweizer Tierpartei ihre Einstellungen zu Sozialpolitik, Sicherheit, Verkehr, Finanzen, Umwelt und Energie, Außenpolitik, Gesundheit, Landwirtschaft und Innenpolitik. Da muss man also wirklich von einer Partei reden, die – zwar ausgehend von einem Teilaspekt – eine gesamtgesellschaftliche Gestaltungskraft entfaltet. Jedenfalls sind hier die Postulate formuliert, welche zu einer Gesellschaft führen können, in der das Leben Ausgang, Mitte und Ziel des politischen Handelns ist.

Eigentlich müssten sich sämtliche Parteien diesem einen Ziel verpflichtet wissen, auch wenn sie dabei noch andere Akzente auf der Basis ihrer Werte setzen können. Das Problem dieser Parteien besteht aber gerade darin, dass sie ihre eigenen Werte wirtschaftspolitischen Interessen zu opfern bereit sind.

Immer noch sind sie von der Priorität der Ökonomie überzeugt und ordnen ökologische und tierethische Aspekte unter. Sie vergessen, dass die Ökologie auch die ökonomischen Interessen am nachhaltigsten sichert.

Man kann nicht auf Kosten der Ressourcen wirtschaften, ebenso wenig wie man biologische Gesetze unterlaufen darf. Nur wer Natur, Tier und Mensch, die Biosphäre insgesamt, als Vorgabe der politischen Gestaltungskraft anerkennt, wird am Ende auch «Gewinne» verzeichnen können. Sonst werden schließlich alle zu Verlierern.

An dieser Stelle möchte ich hinzufügen, dass eine lebensorientierte Zukunft auch andere als bloß ökonomische Aspekte des Lebens offenbaren wird. Wir müssen wegkommen von der Auffassung, dass alles gekauft und verkauft, verbraucht und verwertet werden muss. Wir müssen lernen, zu genießen, ohne zu verbrauchen: Das Auge nährt sich vom Schönen, das Ohr vom Wohlklang, der Geschmack vom Guten, die Nase von guten Düften, das Herz von der zarten Hand.

Und zum Schluss: Eine Politik, die dem Tier eine Würde zuspricht, muss sehr viel früher anfangen. Es geht um die Erde als Lebensraum, der Pflanzen, Tieren, Menschen gemeinsam ist.

IV

Gott liebt die Tiere

Die Diskussion über tierethische Aspekte muss im öffentlichen Raum auf einer breiten philosophischen und vernunftorientierten Basis stattfinden. Zwar habe ich im dritten Teil bereits immer auch theologische und spirituelle Begründungen angeführt. Das hatte vor allem auch damit zu tun, dass ich ja von Wortführern sprach, die zum Teil der christlichen Tradition verpflichtet sind. Anderseits bin ich überzeugt, dass die öffentliche Diskussion ohne spezifisch christliche oder andere Glaubensperspektiven auskommen muss. Dennoch sind diese von großer Bedeutung zur Bekämpfung der Gleichgültigkeit innerhalb der Glaubenssysteme. In kirchlichen Kreisen führt die Unkenntnis dieser spezifischen Perspektive letztlich zu einem Glaubwürdigkeitsverlust im Gesamten. Deswegen möchte ich in diesem vierten Teil einige Texte zur Geltung bringen, die vor allem der Bibel verpflichtet sind.

An dieser Stelle soll einmal deutlich gesagt werden: Schöpfung ist ein religiöser Begriff. Er setzt voraus, dass sich die Wirklichkeit, in der wir leben, nicht von selbst versteht. Sie verdankt sich einer Instanz, die wir «Gott» zu nennen pflegen. Die Schöpfung ist von ihm ins Dasein gerufen bzw. geschaffen worden.

Schöpfung ist also eine Wirklichkeit, die aus dem freien Willen Gottes hervorgeht. Die biblischen Schöpfungstexte (Genesis 1 und 2, Psalm 8, Johannes 1) zeigen dies dadurch, dass sie die Schöpfung als Sprachereignis darstellen. «Und Gott sprach: es werde Licht, und es ward Licht»: Gott spricht, und was er spricht, ist. Wir leben in einer «geworteten Welt» und haben diesem Wort Antwort zu geben. Auch das Tier ist ein solches Wortgeschehen Gottes. Kein Wunder, dass wir auch durch Tiere besonders herausgefordert sind.

Umarme einen Baum

Drück
einen Stein an dein Herz
und küss einen Tropfen Wasser
Sing
den Blumen ein Lied vor
und umarm den einsamen Baum
auf dem Feld
Schau
einem Hund in die Augen
und adoptiere
ein verlassenes Tier
Geh Hand in Hand
mit deinem Nachbarn
und folge
deinem eigenen Schatten

1 Der Mensch als Gärtner – eine biblische Ökologie

Der Mensch ist nach der Bibel (Genesis 2) in einen Garten gestellt. Seine Aufgabe ist es, diesen Garten im Namen Gottes zu hegen und zu pflegen. Aber leider verfehlen wir immer wieder den Sinn der schönsten Texte. Dazu gehören auch die ersten Seiten der Bibel, die sogenannten «Schöpfungsberichte». Indem wir sie so bezeichnen, haben wir uns bereits auf einen Holzweg begeben. Denn Berichte sind es nicht. Sie erzählen uns nicht, wie Gott die Welt erschaffen hat und dass es früher einmal so etwas wie ein Paradies gegeben hätte. Nein, eine geschichtliche Phase, in der alles O.K. war, hat es nie gegeben.

Bitte lesen Sie in Ihrer Bibel nach: Genesis 1 und 2

Diese Texte sind zum Teil entstanden, als das Volk Israel im babylonischen Exil lebte: Es hat Gewalt, Krieg, Terror, Vergewaltigung, Zerstörung erlebt, entwürdigende Gefangenschaft, hoffnungsloses Chaos, ein inneres und äußeres Tohuwabohu («wüst und wirr» Genesis 1,2), eine seelische Verwüstung, Zerstörung auf allen Ebenen, eine umfassende ökologische Katastrophe, würden wir heute sagen. Denn Ökologie – das bedeutet: Die ganze Welt ist ein Haus, und wir Menschen sind darin zu Hause. Was das Volk Israel nun aber erleben musste und wir auch heute noch erleben, ist das pure Gegenteil: Unbehaustheit, Heimatlosigkeit, Entfremdung.

In diese Situation hinein spricht ein Prophet seine hoffnungserfüllte Vision vom Paradies. Er reißt die dunklen Schwaden der Seele auf und malt ein Bild einer ganz anderen Welt, der Schöpfung, wie Gott sie im Sinne hat. Die Menschen sollen eine Perspektive haben, für die es sich zu leben lohnt, ein Ziel, für das sie sich einsetzen können. Man kann diese Zielvorgaben herausarbeiten, wenn man die Paradiesgeschichte mit den Erfahrungen vergleicht, die der biblische Mensch ebenso machen musste wie wir heute:

Gott will, dass die Schöpfung das Zuhause des Menschen ist, aller Menschen, nicht nur dieses oder jenes Volkes. Jeder und jede soll sich in der Welt zu Hause wissen, geborgen, daheim. Dafür zu leben und zu sterben lohnt sich, sagt der Prophet.

Gott will, dass jeder Mensch in einem übergeordneten Ganzen, in einem alles durchdringenden Sinn aufgehoben ist, in Gott selbst; der Mensch soll gottunmittelbar sein, sein Bild, sein Gleichnis, sein Sohn, seine Tochter. Nichts soll zwischen Gott und dem Menschen liegen, alles soll göttliche Würde ausstrahlen: Einmaligkeit, Unaustauschbarkeit, Freiheit … Dafür zu leben und zu sterben lohnt sich, sagt der Prophet.

Gott will, dass jeder Mensch in sich selbst zu Hause ist, mit sich selbst identisch. Er soll das tun, was er will, und das nicht, was er nicht will. Er soll nicht immerzu erleben müssen, dass er sich selbst eine Frage bleibt, ein Rätsel, ein einziger Widerspruch zu sich selbst. Er soll auch nicht dem Zugriff des Todes ausgeliefert sein. Er soll leben – mit sich selbst im Reinen. Dafür zu leben und zu sterben lohnt sich, sagt der Prophet.

Gott will, dass Mann und Frau von Angesicht zu Angesicht leben, auf gleicher Ebene, gleichwertig, gleichrangig. Niemand soll Gegenstand des andern sein, Objekt der Gier, der (sexuellen) Ausbeutung, der Gewalt und der Manipulation ausgesetzt, sondern geachtet, geliebt und umarmt, hin- und herfließende Ergänzung, Bereicherung und Hilfe. Dafür zu leben und zu sterben lohnt sich, sagt der Prophet.

Gott will, dass kein Lebewesen, auch nicht das Tier, leiden muss. Auch das Tier ist als Hilfe, Bereicherung, vertrautes Wesen dem Menschen zugedacht. Es soll darum leben dürfen. Es ist als Lebewesen dem Zugriff des Menschen entzogen. Es darf darum nicht als Nahrungsgrundlage dienen, weil das Tötung, Verletzung, Gewalt bedeuten würde. Das alles gehört nicht in die Welt, wie Gott sie sich denkt. Ehrfurcht vor dem Geheimnis des Lebens, auch des Tieres – das ist es, was Gott will. Dafür zu leben und zu sterben lohnt sich, sagt der Prophet.

Gott will, dass die ganze Natur ein einziger Garten ist, ein umgrenztes Gebiet, in dem der Mensch keinerlei Gewalt und keinen dämonischen Bedrohungen ausgesetzt ist. Der Mensch soll der Erde verbunden sein; er ist ein Erdling, von der Erde genommen, in sie eingebettet. Und nur in dieser Verbundenheit bleibt der Mensch, was er ist: ein Stück Erde, das Gott zu sich erhebt, anhaucht und liebt. Dafür zu leben und zu sterben lohnt sich, sagt der Prophet.

Wie gesagt, die reale Welt, in der wir leben, ist auf all diesen Ebenen das genaue Gegenteil. Ungeborgen sind wir; wir erleben uns nicht als Gottes Söhne und Töchter; eine große Kluft besteht zwischen dem Ich und dem Selbst und alle laufen auf den Tod zu; die Beziehung zwischen Mann und Frau liegt im Argen; die Tiere werden nur noch als Ware betrachtet; die Natur wird immer weniger – zum Schaden des Menschen.

Einmal durch diese prinzipiellen Texte sensibilisiert, entdeckt man: dafür ist Jesus von Nazaret gestorben. Im Augenblick seines Todes noch hat er das Ziel vor Augen, für das sich zu leben und zu sterben lohnt, sagt er doch zu einem Verbrecher: «Heute noch wirst du mit mir im Paradies sein» (Lukas 23,43).

Ein modernes Schöpfungsgedicht

Am Anfang war Gott allein.
Doch er wollte nicht allein sein.
Er wollte lieben und geliebt werden.

So rief er die Erde und den Himmel
– und die Liebe fiel auf die Erde
und sie keimte und grünte zum Himmel zurück.
Er rief die Sonne und den Mond
– und sie strahlten von Liebe,
die Sonne am Tag und der Mond in der Nacht.
Er rief das Wasser
– und es sprudelte Liebe hinunter in die Täler.
Er rief das Feuer
– und es loderte und brannte die Liebe hinauf.
Er rief die Luft
– und sie hauchte und wehte Liebe,
geradeso wie sie wollte.
Und dann hauchte Gott Vögel in die Luft
und sie flatterten.
Er legte Fische ins Wasser
und sie taumelten von Liebe zu Liebe.
Und anderen Tieren zeichnete er ganz persönlich
Augen, Mund, Nase und Ohren,
damit sie ein liebliches Gesicht hätten
und dem Wesen glichen,
das er ganz zuletzt mit besonderer Hingabe formte.

Gott beugte sich tief hinunter zur Erde.
Er nahm vom Acker eine Handvoll Erde.
Er schloss die Augen, um ganz bei sich zu sein.
Und dann begann er zu kneten und zu formen,
was er in sich selbst gesehen hatte.
Er gab seine Zärtlichkeit hinein in die Hände,
in die Finger.
Er knetete und knetete und knetete
und schaute und schaute
und formte und formte
den Menschen.
Als er zufrieden war mit seinem Werk,
nahm er allen Atem, den er in sich hatte,
und hauchte ihn warm und liebend an:
die Füße, die Beine, den Bauch,
die Brust, das Gesicht.
Und dann legte er seine Lippen
auf die Lippen des Menschen
und küsste und hauchte,
bis der Mensch sich bewegte
und die Augen aufschlug.

Und Gott wurde innerlich entflammt von seiner Liebe
und schaute Adam in die Augen
und sagte:
Mensch, du, mein Ebenbild!
Ich will, dass du mich vertrittst
in der Liebe, die ich habe
für Sonne und Mond,
für Himmel und Erde,
für Feuer und Wasser,
für Luft und für alles, was lebt
– und gegenüber allen, die Menschen sind wie du.

Ach Mensch, du, mein Ebenbild!

Und dann nahm Gott den Menschen in die Arme.
Er drückte ihn ans Herz,
ganz lange
– und ließ ihn dann los,
damit er seinen Weg gehen könne.

2 Der Regenbogen: Mensch und Tier im Bund mit Gott[56]

Immer mehr stellt sich heraus: wäre unser Glaube wirklich von der Bibel geprägt, wir würden den Problemen unserer Zeit ganz anders gegenüberstehen. Und möglicherweise wäre die ökologische Krise, in der wir heute stehen, gar nicht erst entstanden.

«Gott steht im Bunde mit allem Fleisch» – das könnte ein Kernsatz unseres Glaubens werden. «Und das Wort ist Fleisch geworden» (Johannes 1,14) bekennen Christen, nicht einfach nur Mensch, sondern «Fleisch», mit anderen Worten: Gott ist eingegangen in alles, was lebt und stirbt. Eindrücklich dürfen wir das erahnen, wenn wir die Erzählung vom Bund Gottes mit Mensch und Tier betrachten.

Bitte lesen Sie in Ihrer Bibel nach: Genesis 8,21–9,17

Da ist zunächst die feierliche Selbstverpflichtung Gottes. Gott verpflichtet sich selbst, die Erde nicht untergehen zu lassen. Die Sintflutgeschichte zeigt uns: Gott war zwar versucht, die Erde zu vernichten. Von nun an will er die Schöpfung erhalten und bewahren. Wenn es auch leider Gottes so ist, dass der Mensch «böse ist von Jugend an», Gott sagt: «Ich will künftig nicht mehr alles Lebendige vernichten, wie ich es getan habe.» Frohe Botschaft ist dies: Mögen wir auch heute sintflutartige Zustände erleben, Gott wird uns und die ganze Schöpfung bewahren.

Dann ist da der erneute Kulturauftrag an den Menschen: Wir sollen Gottes Abbild sein in dieser Welt und für das Leben Raum schaffen. Wir sollen lebensbedrohliche Zustände abwenden, dem Bösen Einhalt gebieten, das Schicksal der Welt positiv gestalten. Wenn in der Erzählung von «Furcht und Schrecken» die Rede ist, dann weist das darauf hin, dass wir Menschen Selbstvergegenwärtigungen Gottes sind in dieser Welt, die die Schöpfung bewahren und gestalten sollen.

Und dann ist da die großartige Mystik, in der Mensch und Tier miteinander vor Gott stehen. Menschen und Tiere sind einander nicht feindlich gesinnt, sie sollen es nicht sein, sie sind Bundesgenossen, Schwestern und Brüder. Sie sollen sich miteinander versöhnen. Nur in der versöhnten Begegnung mit den Tieren wird darum der Mensch sein Menschsein verwirklichen können. Nur in der Entdeckung dessen, was Mensch und Tier miteinander verbindet, wird das Leben eine Zukunft haben.

Dies ist eigentlich schon die Aussage der beiden Schöpfungsgedichte (Genesis 1 und 2), die uns die Bibel auf ihren ersten Seiten erzählt. Gewalt darf nicht sein, Mord und Todschlag darf es nicht geben. Deswegen wird dort eine vegetarische Lebensweise gefordert, weil das Essen von Fleisch Gewalt und Totschlag voraussetzt – etwas, was dem ursprünglichen Willen Gottes widerspricht, und etwas, was auch dem letztgültigen Willen Gottes widerspricht. Deswegen wird auch die Zukunft, welche uns die Propheten (Jesaja 11,6–9; 65,25) verheißen, ohne Gewalt, Mord und Todschlag auskommen; es wird nur noch den gottgeschenkten Frieden geben, der Mensch und Tier, ja die ganze Schöpfung umfasst.

In der Geschichte von der Sintflut und dem Regenbogen, der uns zeigt, wie Mensch und Tier im Bunde mit Gott stehen, wird ein Zugeständnis gemacht: Man darf Fleisch essen. Wir leben in einer Welt, in der es offenbar nicht ohne Fleischessen geht, aus welchen Gründen auch immer. Damals sind es vielleicht andere Gründe gewesen als heute. Doch aufgepasst! So einfach ist es nicht! In diesem Text heißt es: Fleisch, in dem Blut ist, darf man nicht essen. «Blut» ist nach diesen altehrwürdigen Texten mit «Leben» gleichzusetzen. Das Leben des Tieres ist zu achten, müsste man heute wohl übersetzen. Beim heutigen Fleischkonsum ist die Ehrfurcht vor dem Leben aber «in den meisten Fällen nicht gegeben», wie Professor H. Bartussek von der österreichischen Bundesanstalt für alpenländische Landwirtschaft sagt. Er hält den Fleischkonsum für ethisch vertretbar, wenn er die nachstehenden Kriterien erfüllt: «Es muss geprüft werden, ob das Verzehren von Fleisch unter folgenden Bedingungen als moralisch unbedenklich ausgewiesen werden kann:

- tiergerechte Haltung der genutzten Tiere während ihrer ganzen Lebenszeit,
- sachgerechte und fürsorgliche Pflege der Tiere,
- schonender Umgang und Transport,
- angst- und schmerzfreie Tötung der Tiere.»[57]

Diese Aussage liegt auf der Linie des Bundes, den Gott nach der Sintflut mit Mensch und Tier geschlossen hat. In dem biblischen Text geht es allerdings viel grundsätzlicher um ein neues Verhältnis zum Tier, ja sogar um ein neues Verständnis des Menschen von sich selbst. Wir wissen heute, dass Mensch und Tier in biologischer Hinsicht, von den Genen her, zum Teil über 90 Prozent Gemeinsamkeiten haben, von den animalischen Aspekten in uns selbst einmal abgesehen. Versöhnung mit dem Tier bedeutet letztlich also auch Versöhnung mit uns selbst. Erst wenn wir uns als Schwestern und Brüder der Tiere erweisen, stehen wir im Bunde mit Gott. Und erst dann wird das Leben eine Zukunft haben. Mehr noch: Diese Zukunft wird erfüllt sein vom Glanz des lebendigen Gottes – und in diesem Glanz steht alles: die Berge, die Bäume, die Tiere und wir Menschen. Alles wird erleben, dass die Schöpfung, die Franziskus in seinem Sonnengesang besingt, nicht nur im Lied, sondern in Tat und Wahrheit ein erlebbar verbundenes Netz von Schwestern und Brüdern ist.

3 Der Tanz der Schöpfung: Einheit und Vielfalt des Lebens

Der Gott der Stille beginnt einzutreten in den Tanz der Bewegung. Der undefinierte Eine zieht sich das Kleid der vielen Farben an. Darin sucht der Eine, der er war, in eine Welt unbegrenzter Vielfalt einzutreten, so dass seine Einheit zum höchst denkbaren Grad gesteigert und bestätigt wird …
Der Eine erneuert sich ständig in seiner Einmaligkeit. Der Eine erneuert sich, indem er sich ins Vielfältige begibt. Diese Ausrichtung auf Selbst-Ausdehnung, im-

merzu die Grenzen des Selbst ertastend, ist das Suchen des Einen nach dem «Andern». Die innewohnende Tendenz zu Vielfalt und Unterschiedenheit, verbunden mit dem dauernden Hervorbringen komplexerer Lebensformen, gipfelt, nach unserer alten Schöpfungsgeschichte, in der Erschaffung der Menschheit, der Erfüllung im «sechsten Tag». Erst wenn das erste menschliche Wesen hervorspringt, das beides kann: den Einen anerkennen und die Unterschiedenheit der eigenen Identität behaupten, beginnt die Erprobung der Selbst-Ausdehnung ans Ziel zu kommen. Wir Menschen sind göttliche Hilfskräfte, die ergänzende Hilfe (wie Eva dem Adam), beides also: Partner und Gegenüber bzw. Gegensatz. In der «Andersheit» unseres selbstbewussten Geistes dienen wir der Existenzbestätigung des Einen.[58]

Ganz und gar ungewohnte Gedanken kommen uns aus diesem Text von Rabbiner Arthur Green entgegen. Die unüberschaubare Vielfalt der Mineralien, der Blumen, der Tiere, der Menschen – letztlich nichts anderes als eine Selbstbestätigung Gottes? Ein Weg tastenden Selbsterkennens und Selbsterfahrens Gottes? Ausdruck einer göttlichen Sehnsucht nach dem Gegenüber, das sie erfüllt? Und je mehr Arten und einzelne Lebewesen es gibt, umso mehr Zeugen des einen Gottes? Wenn all diese Fragen nur teilweise mit Ja beantwortet werden müssen, geschweige denn ganz und gar, dann stehen wir immer und überall Gott gegenüber, wo wir der Materie und den vielfältigen Ausdrucksformen des Lebens gegenüberstehen.

Solches Denken wird notwendig, wenn wir noch eine Zukunft haben wollen. Denn es ist die Aufgabe der Theologie, Bilder, Symbole, Gleichnisse, Metaphern zu entwickeln, welche den Menschen helfen, sich und die Welt besser zu verstehen. Und die dazu beitragen, ihnen eine neue Zukunft zu eröffnen und Hoffnung zu stiften. Eine Franziskanerin, die selige Angela von Foligno (1248–1309), hatte einmal eine Vision, die sie selbst wie folgt beschreibt:

> Gott sprach: «Ich will dir etwas von meiner Macht zeigen.» Sofort wurden die Augen meiner Seele geöffnet. Ich sah eine göttliche Fülle, in der ich die ganze Welt begriff, alles, was jenseits und diesseits des Meeres ist, und den Abgrund und das Meer selber und alles. Und in all dem konnte ich nichts unterscheiden, ich sah einzig die göttliche Macht und dies auf völlig unbeschreibliche Weise. Da schrie meine Seele in übergroßem Staunen: «Diese Welt geht mit Gott schwanger.» Und ich begriff, dass die Welt mit allem, was jenseits und diesseits des Meeres ist, mit dem Abgrund und dem Meer selber und allem sozusagen eine Winzigkeit ist, dass Gottes Macht aber alles erfüllt und übersteigt. – Und Gott sagte: «Eben habe ich dir etwas von meiner Macht gezeigt.» Und ich begriff, dass ich nun fähig sei, alles andere besser zu verstehen.[59]

Welches Bild: die gottschwangere Welt! Gott in allem und alles in ihm! Gott in jedem und jedes in ihm! Alles dazu bestimmt, Gott zu gebären! Angela konzentriert sich auf die Macht Gottes und kann in diesem Augenblick die Konturen der einzelnen Geschöpfe nicht erkennen. Vorher und nachher kann sie es sehr wohl! Die Unterscheidung des Einzelnen und die Anerkennung der vielfältigen Ausdrucksformen des Geschaffenen sind geradezu die Voraussetzung für eine solche Metapher.

Franz von Assisi spricht in seinem «Sonnengesang» von der göttlichen Bedeutung der Sonne, des Mondes, der Erde … Das setzt voraus, dass die Sonne Sonne ist und der Mond Mond und die Erde Erde! Wer alles und jedes genau gleich sieht, sieht nichts. Wer alles mit allem gleichsetzt, kann nicht mehr reden. Er wird auch nicht eigentlich eine Gottesbeziehung haben können, weil ihm Gott gar nicht zu Gesicht kommen kann. Es ist immer das Einzelne, was uns ein Gesicht zeigen kann.

Jeder Mensch ist ein Individuum, ein für sich stehendes Einzelwesen, hat einen Fingerabdruck, eine Haarstruktur und vieles noch, durch das er sich unaustauschbar von anderen unterscheidet. Für den ökonomischen Haushalt, für die Wirtschaft eines Landes oder der Welt, für das verzweckende Denken braucht es den einzelnen Menschen nicht. Wieso soll es die Susanne oder den Herbert geben im Haushalt der Welt? Von den Zwecken her ist jeder und jede austauschbar! Zum Funktionieren der Wirtschaft dienen doch auch ein paar Menschen – ob sie geklont, also hundertprozentig miteinander identisch sind, oder ob sie sich individuell unterscheiden, ist der Wirtschaft völlig egal. Die Zahl genügt, geklonte Wesen genügen! Warum also Einzelne, die sich unterscheiden und von denen jeder und jede einmalig und unaustauschbar ist? Es ist der einzige Sinn der Individualität, den Überfluss zu dokumentieren, den Gott so vielfältig in die Welt ausgegossen hat.

Jedes Gesicht unterscheidet sich von anderen, gleichzeitig stellt es auch eine große Gemeinsamkeit heraus. Schauen wir in das Gesicht von Tieren, jedes eine Individualität! Und doch gleichen sich die Geschöpfe, welche ein Gesicht haben. Was mich anschaut, ist mir heilig geworden: Tiere, Fische, Vögel. Auch Blumen – wissen wir heute – verhalten sich personal. Man hat eine Untersuchung gemacht: Zwei gleiche Pflanzen wurden in den gleichen Raum gestellt und den gleichen äußeren Bedingungen unterworfen. Die eine erfuhr die liebende Zuwendung von Menschen, die andere musste sich jeden Tag anschimpfen lassen. Die erste blühte, die andere starb ab. Wir stellen das Geheimnis des Gesichtes, des «personalen» Verhaltens, selbst in der toten oder in der pflanzlichen Welt fest.

Das war wohl auch der Grund, warum ein Franz von Assisi das individuelle Gesicht der einzelnen Geschöpfe herausstellte und jeden Bruder oder Schwester nannte. Nur im Erkennen des «personalen» und individuellen Gesichtes offenbart sich der göttliche Hintergrund der Welt.

Zwischen dem Einen und den vielen Gesichtern gibt es, wie eben bereits angeklungen ist, ein Mittleres: die Gemeinsamkeit, die Verwandtschaft, die Familie. Darin sucht die Dynamik der Einheit auf der Ebene der Schöpfung eine Selbstbestätigung. Die vielen erscheinen als Gruppen, Geschlechter, Arten, Völker, Verbindungen … Auch diesbezüglich müssen wir davon wegkommen, alles verzwecken, benützen, verbrauchen zu wollen. Sonst vergehen die Lust und die Liebe, die Kraft und das Spontane. Und das Staunen stirbt. Vieles ist aufeinander bezogen und aufeinander angewiesen. Vieles ist in der Natur aufeinander abgestimmt, da gibt es viele Zusammenhänge, in denen das eine für das andere da ist. Das zu erkennen ist wichtig, gerade auch dann, wenn wir der Ausbeutung Einhalt gebieten wollen. Diese Bezogenheit ist nicht ökonomischer Art, sondern nochmals: «personaler» Art.

Schmetterlinge braucht es im Haushalt der Natur, gewiss. Leider hat der Mensch durch einen aggressiven Gebrauch der Natur schon Dreiviertel der Schmetterlinge ausgerottet. Es gibt bloß noch einige hundert Arten. Wenn man rein ökonomisch in Kategorien des Zweckes denkt, würde eine Art vielleicht ausreichen. Wozu also Tausende von Schmetterlingen und die Vielfalt der Schmetterlingsarten? Überfluss des Lebens, der Farben und Formen, die keinen sichtbaren oder erkennbaren Zwecken dienen. Sie sind einfach da, umsonst, gratis. Geheimnis des überfließenden Lebens! Und Hinweis auf den einen Gott, aus dem das Viele stammt und der als einende Kraft in allen Vorgängen der Schöpfung gegenwärtig bleibt.

Vielfältige Landschaft[60]

Mich satt sehen
an den Wiesen und Hügeln
Den Schleier wahrnehmen
den die Sonne sanft darüber ausbreitet
wie eine Mutter
Und mich erheben zu Dir
Großer Gott

Mit Lust schauen
auf einen Baum
Den Reiz wahrnehmen
der von ihm ausgeht
wie von zarter Hand
Und mich erheben zu Dir
Großer Gott

Mit Freude blicken
in das Gesicht eines lieben Menschen

Die Anmut bestaunen
die darüber ausgegossen ist
wie Morgentau
Und mich erheben zu Dir
Großer Gott

Mit Schrecken feststellen
den vielfältigen Tod
Die Eintönigkeit einklagen
die sich ausbreitet
wie eine verheerende Krankheit
Und mich erheben gegen die Killer
im weißen und schwarzen Gewand

Flusslauf

Gerade oder geschlängelt? – Was ist schöner?
Schnurstracks oder auf Umwegen? – Was ist besser?
Eintönig oder vielfarbig? – Was ist gefälliger?
Wo findet mein Auge sein Ergötzen?
Wo das Herz seine Lust?
Wo kostet meine Seele
die Süße der Schöpfung?

Und was ist lebendiger?
Wo gibt es mehr Raum für das Leben?
Für Mikroorganismen?
Für Blumen, Sträucher, Bäume?
Für Nistplätze und Verstecke?
Für die bunte Vielfalt des Lebendigen?
Für mich selbst
und meine Sehnsucht nach Schönheit?

4 Das Tier als Geschöpf Gottes

Was heißt das – das Tier ist ein Geschöpf Gottes? Das Tier ist wie der Mensch ein Geschöpf, aus dem gleichen Stoff (Erde) gebildet (Genesis 2,7 und 2,19) und vom Hauch Gottes (Kohelet 3,21) belebt. Der Mensch unterscheidet sich vom Tier dadurch, dass er «Ebenbild Gottes» (Genesis 1,27) ist und sich – wie Gott – um die Schöpfung (Natur, Tier, Mensch) sorgt. Gott «segnet» die Tiere: sie sollen leben und sich mehren (Genesis 1,22). Es ist nicht unbedeutend, dass der erste «Segensgottesdienst» in der Bibel noch vor der Erschaffung des Menschen stattfindet. In dieser Dynamik des Segens muss der Mensch dem Tier (und der Schöpfung insgesamt) begegnen.

Die großen «Schöpfungsgedichte» am Anfang der Bibel (Genesis 1 und 2) gehören der prophetischen Tradition an. Angesichts der «sündigen» Welt, in der Gewalt, Mord, und Ausbeutung zur Tagesordnung gehören, entwerfen sie die göttliche Alternative: eine gewaltlose, lebensfreundliche Welt, in der man nur noch Frieden und Lebensfülle erfährt. Im Blick darauf stellt sie uns die vegetarische Lebensweise vor Augen (Genesis 1,29–30).

Im zweiten «Schöpfungsgedicht» stellt Gott fest, dass die Einsamkeit das wohl größte Problem des Menschen darstellt. Zur Bewältigung dieser Einsamkeit erschafft Gott nicht, wie viele voreilig meinen, die Frau bzw. das geschlechtliche Gegenüber, sondern zuerst die Tiere. Der Mensch soll diese benennen, das heißt: sich zu ihnen in Beziehung setzen, sie verstehen, sie an sich heranlassen und lieben (Genesis 2,18–20), um so eben nicht allein bleiben zu müssen. Ein Stück weit ist das möglich, stellt die Bibel fest, aber eben nicht ganz, und dann erst und deswegen erschafft Gott mit Eva (Gen 2,21–24) den Menschen als zweigeschlechtliches Paar, das nun wirklich aneinander wahre Hilfe, Ergänzung und ebenbürtiges Gegenüber hat.

Im Buch Kohelet (3,19 ff) wird sogar gesagt, dass zwischen Tier und Mensch kein Unterschied besteht. Beide haben das gleiche Schicksal, beider «Seele» endet im Tod. Paulus wird dann aber diese pessimistische Sicht umdrehen. Er wird sagen, dass nichts verloren geht, was Gott geschaffen hat. Alles Geschaffene, also auch die Tiere, werden teilhaben an der Lebensfülle, die von Gott ausgeht, am göttlichen Glanz, der den Menschen verheißen ist.

Bekannt ist der Bund, den Gott mit Noah (Gen 9,1–17) schließt. Gott erweist sich für Mensch und Tier als die Leben rettende Instanz. Auch das Tier wird in die Partnerschaft des Menschen mit Gott einbezogen. Dieser wunderbare Text nimmt aber auch Rücksicht auf die Wirklichkeit, in der der Mensch sich bewegt. Der Mensch, heißt es hier, darf Fleisch von Tieren essen. Aber wenn man genau hinschaut, dann nur eingeschränkt: nur wenn es «koscher» ist, das heißt, wenn die Ehrfurcht vor dem Leben gewahrt bleibt.

Vieles in der Bibel scheint dem Gesagten zu widersprechen. Da fließt sehr viel Opferblut, um einen angeblich zornigen Gott mit dem Liebsten, was man hat (Menschen und Tiere), zu versöhnen. Es ließe sich aber zeigen, dass sowohl dieses archaische Gottesbild als auch der damit verbundene Opfergedanke im Verlauf der biblischen Erzählung überwunden wird. Zuerst wird das Menschenopfer abgelehnt (Genesis 22) und dann jedes Opfer (Micha 6). Hinter diese Überwindung des archaischen Gottesbildes und der damit verbundenen Opfervorstellungen dürfen auch Christen nicht mehr zurückfallen.

5 Gott hilft Menschen und Tieren

«Menschen und Tieren willst du ein Gehilfe sein» – dies ist ein Refrain aus dem Katholischen Kirchengesang der deutschsprachigen Schweiz (Nr. 571). Er ist ein wörtliches Zitat aus Psalm 36. Der entsprechende Vers 7f lautet nach der Übersetzung der Neuen Zürcher Bibel:

> Deine Gerechtigkeit ist wie die Gottesberge,
> deine Gerichte sind wie die große Flut.
> Menschen und Tieren hilfst du, HERR.
> Wie kostbar ist deine Güte.

Da ist einerseits Gott: seine Gerechtigkeit, sein Gericht –; und Gottes Gerechtigkeit und Gericht ist – das ist zu beachten! – identisch mit seiner kostbaren Güte und seiner effektiven Hilfe. Da sind anderseits einander an die Seite gestellt: Menschen und Tiere, welche Gottes Hilfe und Güte und also Gerechtigkeit und Gericht zu ihren Gunsten erfahren.

Müsste ein solcher Vers, ehrlich und bewusst vollzogen, nicht geradewegs zu einer führenden und animierenden Rolle im Tierschutz führen? Müssten die Kirchen nicht an der vordersten Front stehen, wenn es um die rechtliche Durchsetzung von Menschen- und Tierrechten geht? Man könnte natürlich entgegnen: Das ist ein einzelner Vers, der im umfassenden Buch der Bibel untergeht. Meine Antwort lautet: Nein, das ist der

Grundtenor der Bibel: Der Begriff «Fleisch», der in der Bibel so häufig gebraucht wird, um die irdischen Bedingungen des Lebens zu bezeichnen, umfasst sowohl den Menschen als auch das Tier. Auch leben Mensch und Tier von der gleichen verlebendigenden Kraft Gottes («ruach»). Darum heißt es im Buch Kohelet (3,19): «Das Geschick der Menschen gleicht dem Geschick der Tiere, es trifft sie dasselbe Geschick. Jene müssen sterben wie diese, beide haben denselben Lebensgeist, und nichts hat der Mensch dem Tier voraus, denn nichtig und flüchtig sind sie alle.» Und Paulus wird im Neuen Testament die gemeinsame Tendenz menschlicher und tierischer Existenz nach oben wenden: Alles, auch die Tiere werden zusammen mit den Menschen hineingehoben in die Lebensfülle Gottes (Römer 8).

Mensch und Tier gehören zusammen – so steht es in den Grunddokumenten, auf die sich die Kirchen beziehen. Der Bibel ist natürlich auch bewusst, dass wir in der realen Welt leben, in einer Welt, in der es sehr wohl Gewalt und Blutvergießen gibt. Dennoch grenzt sie den Fleischkonsum durch rituelle und kultische Gesetze sehr stark ein. Das Tier steht nicht einfach zum beliebigen Gebrauch durch den Menschen zur Verfügung. Tiere genießen den Schutz Gottes. Mensch und Tier sind gemeinsam Bundespartner Gottes. Die totale Verkommerzialisierung des Lebens, insbesondere des Tieres, widerspricht also dem Grundanliegen der Bibel.

Diese Aussagen entstammen der jüdisch-christlichen Tradition, der ich angehöre. Ähnliche Gedanken könnten auch aus anderen religiösen Traditionen angeführt werden, besonders aus den hinduistischen und buddhistischen. Solche Auffassungen aus den religiösen Traditionen sind auch deshalb wichtig, weil der beste

Tierschutz in einer radikalen Umkehr der Mentalität des Menschen besteht. Solange der Mensch sich vorwiegend als Konsument definiert, wird er unfähig sein, die eigenständige Würde des Tieres zu erkennen. Darum muss es Gesetze und Institutionen (wie zum Beispiel den Internationalen Gerichtshof für Tierrechte) geben, um das Recht des Tieres zur Geltung zu bringen.

6 Erlaubt das Neue Testament den Fleischkonsum?

Der Fleischkonsum im Neuen Testament ist immer wieder Gegenstand von Behauptungen, besonders vonseiten der Vegetarier. Da ich selbst ein solcher bin, möchte ich einer unseriösen Argumentation entgegenwirken. Um es vorwegzunehmen: Aus dem Neuen Testament gibt es keine einzige Stelle, die zugunsten einer vegetarischen Lebensweise spricht, dagegen einige, welche den Fleischkonsum wie selbstverständlich voraussetzen.

«Darf man Opferfleisch essen?» (1 Korinther 8)

Die Äußerungen des Paulus in 1 Korinther 8,1–13 werden in verschiedener Hinsicht oft falsch verstanden. Vegetarier lesen den grundsätzlichen Fleischverzicht in den Text hinein. Genau das Gegenteil wird gesagt: An sich darf man vom Opferfleisch essen. Denn für den Christen, der an den Gott Jesu Christi glaubt, gibt es keinen Gott, dem man Tiere opfern müsste. Das Fleisch, das aus dem heidnischen Opferkult stammt, ist ganz gewöhnliches Fleisch. Man darf es darum in aller Freiheit essen und kommt in keiner Weise mit fremden Göttern in Berührung. Aber wenn es denn Mitchristen gäbe, die meinen, das Fleisch hätte sich in diesem heidnischen Kult verändert und man dürfe es deswegen nicht essen, dann soll man es nicht essen – aus Rücksicht auf diese Gläubigen, welchen die richtige Erkenntnis und Freiheit fehlt. Ich versuche, den Text mit eigenen Worten zur Geltung zu bringen.

Neue Zürcher Bibel	
1 Nun zur Frage des Opferfleisches: Wir wissen ja, dass wir alle Erkenntnis besitzen. Die Erkenntnis bläht auf, die Liebe aber baut auf.	1 Nun komme ich zur Frage, ob ein Christ das Fleisch essen darf, das man im Tempel den Göttern dargebracht hat. Dabei setze ich voraus, dass ich den springenden Punkt erkenne. Freilich: da gibt es auch noch die Liebe. Erkenntnis ohne Liebe führt zur überheblichen Aufgeblasenheit. Nur die Liebe aber führt weiter.
2 Wer meint, etwas erkannt zu haben, hat noch nicht erkannt, was Erkenntnis heißt.	2 Was ich erkenne, ist zudem nur der Zipfel der Wahrheit. Wer nur diesen Zipfel sieht, verfehlt die Wahrheit.
3 Wer aber Gott liebt, der ist von ihm erkannt worden.	3 Die ganze Wahrheit zeigt sich in der Liebe. Wer Gott liebt, ist von Gott erkannt.
4 Nun zur Frage, ob man Opferfleisch essen darf: Wir wissen ja, dass es in der Welt keine fremden Götter gibt und dass kein anderer Gott ist außer dem einen.	4 Also nochmals: darf man das Fleisch essen, das im Tempel den Göttern dargebracht wurde und das nun der Bevölkerung zum Essen an den Tischen im Tempel angeboten wird? Die Antwort ergibt sich von selbst. Es existieren keine Götter. Es gibt nur einen Gott.

Neue Zürcher Bibel	
5 Auch wenn da vieles ist, was Gott genannt wird, sei es im Himmel, sei es auf der Erde, – es gibt ja viele Götter und viele Herren –,	5 Zwar gibt es viele, die als Götter auftreten und für Götter gehalten werden. Auch in unserer menschlichen Gesellschaft gibt es ja Herren, die sich wie Gott aufführen.
6 so gibt es für uns doch nur einen Gott, den Vater, von dem her alles ist und wir auf ihn hin, und einen Herrn, Jesus Christus, durch den alles ist und wir durch ihn.	6 Für uns Christen aber gibt es nur einen Gott, den Vater, aus dem alles hervorgegangen ist und auf den wir selbst hin geordnet sind. Und es gibt nur einen Herrn, Jesus Christus, durch den alles ist. Auch wir leben einzig durch ihn.
7 Doch nicht in allen ist die Erkenntnis; einige sind bis jetzt noch so an ihre Götter gewöhnt, dass sie jenes Fleisch als Opferfleisch essen, und ihr Gewissen wird, weil es schwach ist, befleckt.	7 Das ist an sich unser Glaube. Nun gibt es aber Christen, die noch nicht diese Einsicht haben. Sie haben sich ja lange Zeit an diese Götter gehalten. Im Fleisch, das im Tempel dargebracht wurde, kommen ihnen immer noch die alten Götter entgegen. Deshalb fühlt ihr Gewissen sich schuldig, wenn sie solches Fleisch essen.
8 Speisen haben nichts damit zu tun, wie wir vor Gott dastehen; essen wir sie nicht, geht uns nichts ab, essen wir sie, gewinnen wir nichts.	8 Lebensmittel haben aber keinerlei religiöse Bedeutung. Es sind nur Lebensmittel, mehr nicht. Ob ich sie esse oder ob ich sie nicht esse, ist völlig gleichgültig. Wir sind vollkommen frei, es zu tun oder zu unterlassen.
9 Gebt aber Acht, dass diese eure Freiheit den Schwachen nicht zum Anstoß werde!	9 Es gibt nur eines, was zu beachten ist: Ich muss meine Freiheit so gestalten, dass ich auf jene Rücksicht nehme, die noch nicht diese Freiheit erlangt haben.

Neue Zürcher Bibel	
10 Denn wenn einer dich mit deiner Erkenntnis in einem der vielen Tempel zu Tische liegen sieht, wird dann nicht sein Gewissen, wenn er schwach ist, ermuntert, vom Opferfleisch zu essen?	10 Wenn du also die richtige Einsicht und die innere Freiheit hast, im heidnischen Tempel vom Fleisch zu essen, das vorher den heidnischen Göttern dargebracht wurde, denke daran: Du könntest dabei gesehen werden. Wenn dich ein Christ sieht, der noch nicht so weit ist wie du, könnte er es dir gleichtun – und hätte dann ein bleibend schlechtes Gewissen.
11 Ja, der Schwache wird durch deine Erkenntnis zugrunde gerichtet, der Bruder, um dessentwillen Christus gestorben ist.	12 So würdest du einen Bruder oder eine Schwester zugrunde richten, für die sich Christus doch hingegeben hat.
12 Wenn ihr so an euren Brüdern schuldig werdet und ihr Gewissen, das doch schwach ist, belastet, macht ihr euch an Christus schuldig.	12 So würdest du schuldig an Christus.
13 Darum werde ich, wenn eine Speise meinen Bruder zu Fall bringt, in alle Ewigkeit kein Fleisch essen, um meinen Bruder nicht zu Fall zu bringen.	13 Darum werde ich, wenn ein Bruder oder eine Schwester durch mich zu Fall käme, nie und nimmer Fleisch essen, das vorher im Tempel den Göttern dargebracht wurde.

Das Fazit ist klar: Der Mensch, der sich glaubend auf Jesus bezieht, darf an sich Fleisch essen, auch das Fleisch, das aus dem heidnischen Opferkult stammt. Der Grundsatz geht eigentlich auf Jesus selbst zurück: Es gibt keine Lebensmittel, derer sich der Mensch enthalten müsste, weil sie Verobjektivierungen Gottes oder des Bösen sind. Nicht was der Mensch isst, ist entscheidend, sondern welche Gesinnung er hat (Markus 7,19). Es braucht keine zusätzlichen Beweise, um diesen eindeutigen Sachverhalt festzustellen.

Die Frage stellt sich, welche Konsequenzen aus diesem Befund für heute zu ziehen sind. Paulus stützt seine Argumentation auf das Glaubensbekenntnis: Es gibt nur einen Gott, den Vater Jesu Christi; darum ist das im Tempel dargebotene Fleisch ganz gewöhnliches Fleisch – und man darf es essen wie jedes andere Fleisch auch.

Die Frage ist, was Paulus sagen würde, wenn er vor den ökonomischen Zusammenhängen unserer Tage stünde. Daraus ergibt sich: Der Fleischkonsument ist selbst gefordert; er darf, wenn er denn vernünftig sein und also ethisch handeln will, nicht einfach so Fleisch essen. In den meisten Fällen wird er davon Abstand nehmen müssen.

Strittig ist eigentlich nur, ob man noch grundsätzlichere Einsichten gewinnen könnte, welche den Fleischkonsum insgesamt als unethisch verwerfen würden. Wir wissen heute sehr viel mehr über das Wesen der Tiere als früher. Die verhaltensbiologischen und philosophischen, aber auch theologischen Einsichten sind gewachsen. Das Tier hat in der Bibel eine viel größere Bedeutung, als frühere Generationen glaubten.

Es kommen andere Erkenntnisse hinzu: der Klimawandel, das Hungerproblem, der Energieverbrauch, die Ungerechtigkeit, das Gewaltproblem – dies sind nur einige Zusammenhänge, in denen Fleisch eine Rolle spielt.

Deswegen habe ich mich wie viele andere für einen totalen Fleischverzicht entschieden. Aber hier greift eine weitere Einsicht des Paulus. Weder Vegetarier noch Fleischkonsumenten haben schon alles erkannt. Was dem einen einsichtig ist, ist es dem anderen noch lange nicht.

Auf jeden Fall aber gilt: Die Freiheit, von der Paulus spricht, stößt bereits im Bereich der Erkenntnis an ihre Grenzen. Dass zwischen Lebensmitteln ganz allgemein bzw. Fleisch im Besonderen und Gott kein Zusammenhang besteht, wird durch die ökonomische Entwicklung heute infrage gestellt. Es gibt darum sehr wohl theologische und ethische Argumente für den Vegetarismus.

Auf andere Weise als bei Paulus müssen heute gegenseitige Rücksichtnahme und Liebe beachtet werden. Folgende Aspekte gilt es herauszuheben:

- Der Vegetarier tut gut daran, dem Fleischkonsumenten in Liebe zu begegnen. Er kann zwar der Meinung sein, dass, wer Fleisch isst, die ökonomischen Zusammenhänge noch nicht erkennt. Er kann dies bedauern, aber er darf daraus keinerlei Verachtung ableiten. Er muss vielmehr in eine gewinnende Argumentation mit ihm eintreten.
- Der Nichtvegetarier sollte sich um die Erkenntnis der Zusammenhänge bemühen. Das ist er sich selber schuldig, wenn er vor seinem eigenen Gewissen bestehen will. Er kann sich den diesbezüglichen Informationen nicht verschließen, die heute von allen Seiten kommen. Zur Erkenntnis kommt aber auch für ihn das paulinische Postulat der Liebe hinzu. Was der Vegetarier von Fleischkonsumenten in der Öffentlichkeit in Gesellschaft und Kirche oder auch in individuellen Begegnungen an Verachtung und Herabsetzung erfährt, ist beschämend und oft sogar verletzend.

7 Versöhnung mit der Kreatur

Die Bibel lebt von der Hoffnung auf ein friedliches Zusammenleben von Tier und Mensch in der Zukunft. Es gibt dazu großartige prophetische Texte, welche die erhoffte Harmonie zwischen Wolf und Lamm, Bär und Kuh, Kind und Schlange als faszinierende Verheißung beschreiben. Es soll einmal eine Welt entstehen, in der es keine Gewalt und kein Blutvergießen, keinen Schmerz und kein Übel mehr geben wird. Deshalb ist die vegetarische Lebensweise ein wesentlicher Grundzug des sogenannten Paradieses, des großen Weltprojektes, das Gott dem Menschen vorsetzt.

Im Neuen Testament wird die tierfreundliche Perspektive des Ersten Testamentes gelockert. Die Christen begegnen den sogenannten Heiden und müssen sich «inkulturieren», anpassen könnte man sagen, wenn das Wort nicht allzu negativ klänge. Doch ist auf den unscheinbaren Satz des Markusevangeliums hinzuweisen: Jesus «lebte bei den wilden Tieren und die Engel dienten ihm» (Markus 1,13). Dies konkretisiert die prophetische Vision des Jesaja, in der Mensch und Tier gefahrlos nebeneinander leben (Jesaja 11). Wer mit Gott verbunden ist, ist auch mit den Tieren versöhnt. Darum haben die christlichen Mönche im ersten Jahrtausend kein Fleisch gegessen, Klara von Assisi gar war Veganerin. Darum auch gibt es in der christlichen Tradition so viele Tiergeschichten, die diese Spiegelung der Versöhnung mit Gott im Verhalten zu den Tieren fantasiereich erzählen: Hieronymus und der Löwe, Gallus und der Bär, Meinrad und die Raben, Burkhart und die Dohle, Eustachius und der Hirsch, Franz von Assisi und die Vögel …

Wie Franziskus den Krähen predigt[61]

Wie gerne höre ich euch zu, liebe Schwestern. Ihr Krähen habt erfasst, worauf es ankommt. Ihr ruft, so laut ihr nur könnt: «qua! qua!», und das heißt, in unsere Sprache übersetzt: «hier! hier!» Ja, hier und jetzt sollen wir Gott loben, hier und jetzt einander lieben, hier und jetzt sollen wir den Frieden schaffen, hier und jetzt gut sein und gerecht. Es gibt genug von diesen Vögeln, die uns vertrösten mit ihrem «la!, la!», was in unserer Sprache heißt: «dort! dort!» Ihr dagegen habt den Sinn für den Augenblick, der jetzt da ist und nie wieder kommt. Ihr begreift, dass der Glaube konkret ist und darum nicht auf später vertrösten darf. So wollen wir Gott loben und preisen, hier und jetzt, und wir wollen einander liebhaben und etwas spüren vom Himmel, der im Hier und Jetzt geborgen ist.

Aber eines möchte ich trotzdem noch sagen: Ihr solltet mir ein wenig fröhlicher sein. Warum seid ihr so schwarz? Ist das Leben denn so dunkel und trübe? Gibt es nicht viele Lichtblicke, nicht viel überfließendes Leben, nicht immer wieder Worte und Taten, die uns froh machen können? Und gibt es nicht in der Mitte der Schöpfung diesen wunderbaren Jesus, der sich hingibt, damit ihr, ich und die ganze Welt leben? Ach, wie kurz ist die Zeit. So füllt sie mit Leben. Seid Propheten für ein Leben vor dem Tod. Zieht darum bunte Kleider an, helle und farbige, die etwas widerspiegeln von der Buntheit des Lebens und von der Herrlichkeit der Welt, die uns in Aussicht gestellt ist.

Von der Nachtigall, mit der der selige Franziskus sang[62]

Der heilige Franziskus befahl einmal dem Bruder Schaf, wie er Bruder Leo nannte, an einem Waldrand das Essen zuzubereiten. Und wie er mit dem Essen anfangen wollte, begann in einem Gebüsch eine Nachtigall ihr Lied.

Und der selige Franziskus meinte zu Bruder Schaf: «Sieh da, Bruder, die Nachtigall lädt uns zum Lob des Schöpfers ein. So wollen auch wir hingehen und mit ihr zusammen Gott loben.»

Und er sagte zu Bruder Schaf, dass er singen solle. Der jedoch antwortete: «Vater, ich habe keine gute Stimme. Aber du hast eine gute Stimme und alles, was dazugehört, du musst mit der Nachtigall singen.»

Wie also der selige Franziskus zu singen begann, schwieg die Nachtigall. Wie dann die Nachtigall zu singen anhob, schwieg auch er. Und als die Nachtigall schwieg, sang der selige Franziskus seinen Vers. Und so antwortete der eine dem anderen. Und mit diesem Jubelgesang verbrachten sie den Tag bis zum Abend. In diesem Jubellied pries und lobte der selige Franziskus Gott in all seinen Geschöpfen.

Wie aber der Abend kam, sagte der selige Franziskus dem Bruder Schaf: «Ich bekenne: die Nachtigall hat mich belehrt und zum Lob Gottes verführt. Jetzt wollen wir essen.» Wie sie mit dem Essen begannen, flog die Nachtigall auf die Hand des seligen Franziskus. Und der Heilige sagte: «Geben wir ihr zu essen, Bruder Schaf, denn sie ist viel würdiger als ich.» Als sie dann gegessen hatte und von Franziskus den Segen bekam, entfernte sie sich von ihnen.

Die ganze Schöpfung verbindet sich im Mund des Heiligen zum Lob Gottes, zu einer universalen Liturgie. Das aber zeigt, dass der Globalisierung eine mystische Erfahrung vorausgeht: Die Schöpfung ist in sich selbst eine Einheit, ein Raum, der durch «Himmel und Erde» bestimmt ist und sich als «All» zu erkennen gibt. Alles, was ist, ist geschwisterlich miteinander vernetzt und verbunden, weil Gott der Ursprung dieser Einheit ist.

Diese mystisch erfahrbare Einheit wird dann auch zur ethischen Aufgabe. In allem gilt es, das Antlitz des Bruders oder der Schwester zu erkennen, zwischen allem sollen versöhnte und geschwisterliche Beziehungen gestaltet werden, überall soll Frieden gestiftet, Gerechtigkeit gestaltet und das Leben in Fülle gefördert werden. Die ganze Spiritualität des Franziskus lässt sich durch dieses Ineinander von mystisch erfahrbarer Globalität und ethisch zu gestaltender Globalisierung begreifen.

Das könnte auch an einem prägnanten Gebet des Heiligen gezeigt werden: «*Deus meus et omnia!* – Gott erfüllt mich und das All!» Unschwer kann man in diesem dreipoligen Satz das heidnische «*Hen kai pan* – Eins und alles!» erkennen. Gemeint ist der göttlich beseelte Kosmos, besser gesagt: jenes Geheimnis des All-Einen, das die unübersichtliche Vielfalt der Phänomene, Dinge und Gestalten der Welt zu einer innerlichen Einheit zusammenschweißt. «Kosmotheismus» nennt das der Ägyptologe Jan Assmann, den er im Gegensatz zum «Monotheismus» sieht, den Moses «eingeführt» und so eine Distanz zwischen dem Göttlichen und dem Kosmos aufgerichtet habe (J. Assmann, Moses der Ägypter. Entzifferung einer Gedächtnisspur, Wien 1998). Dass aber der Monotheismus nicht notwendigerweise die Schöpfung entzaubern muss, zeigt eine Vielzahl von geistlichen Zeugnissen des Judentums und des Christentums.

Dazu gehört eben auch Franz von Assisi, wie der Sonnengesang als Text und viele Anekdoten aus dem Leben des Heiligen beweisen. Das Kurzgebet «Deus meus et omnia» zeigt als Formel eine ähnlich faszinierende Gestalt wie das «Hen kai pan». Darüber hinaus aber zeigt sich eine dreifache Unterscheidung, die zu einer Einheit zusammenfließt: das Geheimnis «Gott» als personales Gegenüber, das dem Menschen auf je persönliche Weise innewohnt, und schließlich die universal-kosmische Wirklichkeit, in die hinein die mystische Tiefe ausgedehnt wird. Dies ist zuerst eine mystische Erfahrung: Gott in mir und ebenso in allem – dann aber auch ein ethischer Auftrag: Gott soll sowohl in mir als auch in allem zur Geltung kommen. Das Gottsein Gottes soll sowohl in der personalen Tiefe als auch in der universalen Weite so sehr sich durchsetzen können, dass gleichzeitig ebenso auch das Sein der Geschöpfe individuell und universal zur Geltung kommt.

Im Sonnengesang ist dem Bruder immer eine Schwester beigegeben: der Sonne der Mond, dem Wind das Wasser, dem Feuer die Erde, der Liebe der Tod. Wenn wir diese Geschwisterpaare im Einzelnen auf ihre philosophischen Zuordnungen befragen würden, könnten wir feststellen, wie fruchtbar die paarweise Vernetzung ist: Licht als Beziehung macht hell; erst der Wind macht das Wasser lebendig; nur wenn die Erde durch das Feuer geht, hat sie Halt und Dauer; die Liebe ist der Tod des Todes. Alles Leben erwächst der geschlechtlichen Zuordnung. Herren (vgl. «Herr Bruder Sonne») bekommen ihre menschenfreundliche Gestalt erst dadurch, dass sie sich als Brüder verstehen, und selbst die Mutter stößt zu ihrem Wesen erst, wenn sie auch Schwester ist (vgl. «Schwester Mutter Erde»). Das Geheimnis der Schöpfung ist die Verwiesenheit der Geschöpfe auf das jeweils andere, die paarweise Verknüpfung, die geschwisterliche Vernetzung von allem.

«Es ist nicht gut, dass der Mensch allein bleibt, lasst uns ihm eine Hilfe machen, die ihm entspricht» (Genesis 2,18) – ein Wort, das die Bibel Gott in den Mund legt. Franziskus zieht daraus die Konsequenzen. Sosehr er die Einsamkeit sucht, um in der Stille das personale Geheimnis Gottes zu suchen und zu preisen, so sehr war er darauf bedacht, dass immer ein Bruder in der Nähe des einsam Betenden ist, ein Wesen, das ihm entspricht, eine personale Hilfe, ein Individuum, das ihm Halt ist. In den Carceri bei Assisi können wir heute noch erkennen, dass die Erreichbarkeit durch einen Bruder ein konstitutives Element der franziskanischen Einsiedeleien war. Und bei ihren Wanderungen durch die Natur, bei ihren Tätigkeiten und Predigten, sollten die Brüder immer «bini et bini» (Markus 6,7) gehen, zu zweit, paarweise, im Team könnte man sagen. Es ist wahrscheinlich notwendig, einmal darauf hinzuweisen, dass die Bibel nirgendwo dem Individualismus huldigt. Das Subjekt ethischen Handelns in der Bibel ist immer ein Wir, eine Gemeinsamkeit, gemeinsam sollen wir leben und handeln. Franziskus hat es begriffen: Bruder, Schwester von allem!

Die vielen Anekdoten, die von Franziskus erzählt werden könnten, lassen nur einen gemeinsamen Nenner zu: Für Franziskus ist jedes Geschöpf eine Schwester oder ein Bruder, da gibt es nichts, was bloß sächlich wäre. Der Stein ist keine Sache, die Pflanze ist kein Gegenstand, das Tier nicht ein seelenloses Objekt, sondern ein einzelnes Wesen, dem Ehrfurcht gebührt; ein Individuum, das sich jeder Manipulation und Ausbeutung entzieht, quasi personal, emporgehoben und angesehen, als Schwester oder Bruder vor Gott gewürdigt.

Wir werden in der Entwicklung der Gesellschaft, in

unserer Politik und in der angeblich freien Marktwirtschaft nur dann weiterkommen, wenn wir diese universale Vernetzung und Verwiesenheit erkennen und uns entsprechend verhalten. Franziskus musste darum alle ökonomischen Notwendigkeiten der geschwisterlichen Verbundenheit aller Kreaturen unterordnen. Er konnte nicht auf Kosten anderer Menschen, der Tiere, der Natur leben. Wichtiger als alles war ihm die geschwisterliche Verbundenheit aller Wesen.

Wir dürfen nicht mehr Mensch gegen Tier und Tier gegen Mensch ausspielen, nicht mehr Arbeitsplätze gegen ökologisches Verhalten. Die Konsequenzen, die daraus gezogen werden müssen, werden sich hart anfühlen. Aber wie gesagt, eine humanere Welt wird erst dann entstehen können, wenn wir die Schöpfung insgesamt als einen vielfältigen Liebesbund begreifen.

8 Un-verbrauchter Sinn

Schon die ersten Seiten der Bibel sprechen vom Paradies, von der an sich wunderbaren Schöpfung. Gott denkt sie sich als sehr schön und als sehr gut. Wir Menschen aber, sagt die Bibel, haben sie verpfuscht – so sehr, dass wir heute zu zweifeln beginnen, ob unser Planet in einigen Jahrzehnten noch bewohnbar sein wird. Bereits gibt es Wissenschaftler, die vom völligen Erlöschen der menschlichen Art reden. Es hätte eine Erde gegeben, die ohne Menschen ausgekommen sei; warum soll es in Zukunft nicht auch ohne uns gehen können? Sagen sie. Ich teile diese pessimistische Sicht nicht. Denn ich habe Hoffnung, weil ich mich an Gott halte, der über allen Abgründen steht, ich glaube an einen Gott des Lebens, der auch im chaotischen Durcheinander da ist und uns aus den Versklavungen und verhängnisvollen Verstrickungen befreien will. Es ist bezeichnend, dass die Bibel einem konsumistischen Akt des Menschen die Schuld gibt, dass es so schlecht steht mit unserer Welt (Genesis 2,6):

> Da sah die Frau, dass es gut wäre, von dem Baum zu essen, und dass er eine Lust für die Augen war und dass der Baum begehrenswert war, weil er wissend machte, und sie nahm von seiner Frucht und aß. Und sie gab auch ihrem Mann, der mit ihr war, und er aß.

Franz von Assisi meint, dass dieses gierige Essen ein Symbol ist für jede Form der «Aneignung». Die gierige Aneignung von allem und jedem ist der Grund, sagte Franziskus, warum alles in der Geschichte der Menschen so schiefläuft. Wir wollen alles haben, alles verbrauchen, uns alles aneignen, alles konsumieren. Und was man konsumiert, verschwindet im Nichts, ist andauernde Vernichtung! Vernichtung Gottes, Vernichtung des Menschen, Selbstvernichtung, Vernichtung der anderen Menschen, Vernichtung der Lebensgrundlagen, Vernichtung des Tieres … Das gähnende Nichts überall.

Auch der biblische Mensch spürte dieses gähnende Nichts, das durch diese fatale Haltung der totalen Aneignung entsteht. Deswegen setzt sie diesem negativen Verhalten den Schöpfungsplan Gottes, das Paradies, entgegen. Die dahinterliegenden Erfahrungen können auch uns helfen, unsere falschen Wege zu erkennen und uns allumfassend zu versöhnen. Der Mensch definiert sich biblisch gesehen als «Ebenbild Gottes». Aber bin ich das – ein Ebenbild Gottes? Weise ich über mich hinaus? Bringe ich mit meinem ganzen Sein, mit meinem Tun Göttliches zur Sprache?

Bin ich, was ich sein kann? Eine Spiegelung Gottes in der Welt, sein Antlitz, sein Herz, seine Hände, seine Füße?

Bin ich kreativ, schöpferisch; bringe ich Leben hervor, richte ich auf, wie das Gott durch mich tun will?

Bin ich der Schöpfung väterlich, mütterlich zugewandt? Ein Gärtner, eine Gärtnerin, hege und pflege ich Steine, Pflanzen, Tiere, Menschen?

Oder habe ich, haben wir uns losgekettet von Gott? Absolut gesetzt? Bin ich dem Allmachtswahn verfallen? Und glaube, alles machen zu dürfen?

Haben wir uns nicht alle übernommen? Lebe ich nicht in einem ständigen Burn-out? Haben wir uns nicht total verbraucht oder ausverkauft und leben nun in der absoluten Leere? Alles ist sinnlos, absurd geworden. Sind wir nicht in eine spirituelle Depression geraten, weil wir uns losgerissen haben von dem Gott, der lebendig macht? So trifft uns Gottes Ruf: Mensch, wo bist du?

Wir müssen uns fragen, ob wir nicht selbst Gott unserem Konsumdenken unterworfen haben. Schon die Frage, wozu denn Gott gut sein soll, zeugt davon. Gott darf nicht in einer Kosten-/Nutzenrechnung bilanziert werden. Was nützt er? Wozu ist er zu gebrauchen? Was soll er überhaupt? Gott steht außerhalb dieser Art Fragen. Er kommt erst dann zur Geltung, wenn er nicht «genutzt» und «gebraucht» wird. Erst ein völlig «nutzloser» Gott wird nicht verbraucht werden können. Nur wenn er «nutzlos» ist, wird er nicht abgenutzt.

Gott entzieht sich meinem Zugriff. Weder darf ich mir ein Bild von ihm machen, noch darf ich ihn für meine Zwecke nutzbar machen. Er ist das Geheimnis, das in allem lebendig ist. Gott muss Geheimnis, auch mein Geheimnis, das Geheimnis der ganzen Welt bleiben.

Meine Antwort auf das Geheimnis Gottes ist die freie Zuwendung, spontane und liebende Verbundenheit. Nur wenn Gott Gott ist und bleibt, bin ich Mensch. Und nur in der liebenden Gemeinschaft wird auch die Schöpfung zur Schöpfung Gottes.

9 Das Ende der Opfer

Bitte lesen Sie in Ihrer Bibel nach:
Jesaja 53,7–9; Micha 6,1–8; Levitikus 16; Johannes 1,29–37

Von Anfang an haben Christen das Geheimnis des Jesus von Nazaret mit einer Tiermetapher gedeutet: Jesus, das Lamm. Was aber meinen wir, wenn wir Jesus als «Lamm Gottes» bezeichnen? Eine erste Antwort gibt mir das 53. Kapitel des Propheten Jesaja:

> Er wurde bedrängt, und er ist gedemütigt worden, seinen Mund aber hat er nicht aufgetan wie ein Lamm, das zur Schlachtung gebracht wird, und wie ein Schaf vor seinen Scherern verstummt. Und seinen Mund hat er nicht aufgetan.

Der Autor dieses eindrücklichen Textes hat einmal etwas erleben müssen, was ihn nicht mehr losließ; er wurde unmittelbar von den Augen eines Lammes getroffen, als dieses zum Metzger getrieben wurde. Er wurde von großem Mitleid überwältigt, und bleibend verfolgte ihn dieser Blick.

Diese Erfahrung ist uns heute mehr noch als früher zugänglich. Einmal, auf einer Autobahnraststätte in Italien, stand ein großer Tiertransporter, vielleicht schon stundenlang: bei großer Hitze, auf engem Raum so viele Tiere, durstig und ausgetrocknet, hunderte von Kilometern hatten sie hinter sich und wohl auch noch vor sich, nur um dann geschlachtet zu werden. Wir waren alle betroffen. Eine Frau konnte nur noch drauflosheulen. Niemand kann da gleichgültig bleiben.

Und nun macht der biblische Autor eine weitere Erfahrung: Er begegnet einem Mann, der nichts Böses getan hat, der nur das Gute wollte, der völlig unschuldig ist – und trotzdem schlägt man ihn, man treibt ihn weite Strecken lang, man foltert ihn, man ermordet ihn. Sofort erinnert sich der Autor an das Lamm und erkennt: Dieser Mann, dem geht es gleich dem Lamm, er ist «ein Lamm, das zur Schlachtbank geführt wird». Und seine Erschütterung und sein Mitgefühl werden noch größer und intensiver.

Wer eine solche Metapher für einen Menschen hervorbringt, definiert sich also durch Empathie, durch Mitgefühl, durch Mitleiden, durch «compassio». Der Gebrauch einer solchen Metapher weist auf einen Menschen hin, der am Leiden der Leidenden leidet. Er ist unfähig, irgendeinem Tier, geschweige denn einem Menschen Leiden zuzufügen oder gar zu töten. Wie gedankenlos muss doch der sein, der dann zur Ehre des Lammes Gottes ein Lamm verspeist?

Dem Autor des Textes jedenfalls drängen sich ganz andere Einsichten auf. Einmal: ich, wir Menschen überhaupt könnten am Leiden dieses Tieres und dieses Menschen mitschuldig sein. Die Gewalt an den Unschuldigen hat möglicherweise etwas zu tun mit unserem eigenen fehlerhaften Verhalten. Dieses Lamm, dieser Mann muss vielleicht leiden, weil ich so bin, wie ich bin, weil ich dieses und jenes tue, was das Leiden hervorbringt oder vermehrt.

Und dann, fügt Jesaja hinzu: Gott steht auf der Seite des Unschuldigen; mag das schutzlose Lamm, mag der leidende Mensch für die Schlächter und Folterer, für die Schläger und Mörder bedeutungslos sein, Gott lässt das Lamm, lässt den Menschen, lässt den Leidenden nicht fallen. Der Prophet sagt noch mehr: Gerade durch diese verbrecherische Tat zeigt sich, wer Gott in Tat und Wahrheit ist: die Liebe, die gerade dahin schaut, wo niemand mehr hinschauen will. Gott erhebt den Leidenden und Verachteten in eine Würde hinein, die ihm niemand mehr nehmen kann. Gottes Wesen besteht gerade darin, dass er sich an der Seite der Geschlagenen und Leidenden als der liebende und zugewandte Gott zeigt. Er wird ihm einen Namen geben, der über allen Namen steht.

Als dann lange Zeit später Jesus von Nazaret Schmach, Folter und gewaltsamen Tod erleiden muss, drängt es die Christen, diese Metapher auf Jesus zu übertragen. Er ist das Lamm, das all unser Mitleid verdient. Man hat an ihm, dem Unschuldigen, das größte Verbrechen getan, zu dem der Mensch überhaupt fähig ist: er wurde gefoltert und ermordet. Aber Gott zeigt sich gerade in diesem Verbrechen als der «Ich-bin-da», als Gott, der den Leidenden und Ermordeten an sein Herz hebt, mehr noch: Er identifiziert sich dermaßen mit dem unschuldig Leidenden, dass er selber das Lamm wird. Mit einem solchen Gott sollten auch wir an der Seite der Leidenden und der Opfer sein.

Eben habe ich den Begriff «Opfer» gebraucht, nicht in einem religiösen Sinn, sondern so, wie wir ihn auch heute noch zu Recht verstehen: Verkehrsopfer, Opfer der Gewalt, Bauernopfer. Immer geht es um den Preis, den schwächere Glieder der Gesellschaft bezahlen müssen – wenn Unvernunft, Macht- und Habgier das Sagen haben. Und wenn Tiere zur Metapher für solche Opfer werden, dann setzt das voraus, dass auch sie geopfert werden auf dem Altar der Gier und der Macht, des Egoismus und der falsch geleiteten Ziele. Ich wiederhole: Gott identifiziert sich mit allen Opfern, und nie mit den Tätern, niemals mit den Tätern!

Neben dem Begriff des von menschlicher Gewalt hervorgebrachten «Opfers» *(victima)* klingt in der Rede vom «Lamm Gottes» auch der religiöse Begriff «Opfer» *(sacrificum)* an. Dahinter steht aus meiner Sicht eine archaische, also überholte Gottesvorstellung. Man glaubte, dass der Mensch sich dermaßen verfehlt hat, dass Gott sich deswegen zornig von ihm abgewandt hat. Deswegen will der Mensch alles tun, um Gottes Gunst und Zuwendung zurückzuerlangen. Das Mittel, mit dem dies erreicht werden soll, ist das Opfer: Man muss einen Menschen töten, ein Tier schlachten, einen Teil der Ernte verbrennen oder sonst was vernichten, was einem lieb ist. In allen Religionen gibt es diese Vorstellung, auch in der Bibel.

In der Heiligen Schrift jedoch wird diese Auffassung allmählich überwunden, und zwar in dem Maße, wie sich Gott als die voraussetzungslose und bedingungslose Liebe zeigt. Zuerst wird das Menschenopfer abgelehnt, dann auch die Tieropfer und schließlich alle Opfer – und das bereits im sogenannten Alten Testament. Unzählig sind die Texte, die dies beweisen könnten. Hier nur einer von vielen; er stammt aus dem Buch des Propheten Micha (6,1–8):

> Hört doch, was der Herr sagt: / Auf, tritt an zum Rechtsstreit! Die Berge sollen Zeugen sein, / die Hügel sollen deine Worte hören.
> Hört zu, ihr Berge, beim Rechtsstreit des Herrn, / gebt Acht, ihr Fundamente der Erde!
> Denn der Herr hat einen Rechtsstreit mit seinem Volk, / er geht mit Israel ins Gericht:
> Mein Volk, was habe ich dir getan, / oder womit bin ich dir zur Last gefallen? / Antworte mir!
> Ich habe dich doch aus Ägypten heraufgeführt / und dich freigekauft aus dem Sklavenhaus.
> Ich habe Mose vor dir hergesandt / und Aaron und Mirjam.
> Mein Volk, … erkenne die rettenden Taten des Herrn.
> Womit soll ich vor den Herrn treten, / wie mich beugen vor dem Gott in der Höhe?
> Soll ich mit Brandopfern vor ihn treten, / mit einjährigen Kälbern?
> Hat der Herr Gefallen an Tausenden von Widdern, / an zehntausend Bächen von Öl?
> Soll ich meinen Erstgeborenen hingeben für meine Vergehen, / die Frucht meines Leibes für meine Sünde?
> Es ist dir gesagt worden, Mensch, was gut ist / und was der Herr von dir erwartet:
> Nichts anderes als dies: Recht tun, / Güte und Treue lieben, / in Ehrfurcht den Weg gehen mit deinem Gott.

Das ist nun wirklich ein erstaunlicher Text: Es sind die rettenden Taten des Herrn, die entscheidend sind, nicht unsere Opfer! Gottes liebende Zuwendung ist alles! Wir brauchen keine Opfer bringen, es genügt vollständig, wenn wir die Liebe Gottes erkennen und ihr antworten, indem wir «Recht tun, Güte und Treue lieben, in Ehrfurcht den Weg mit Gott gehen».

Ganz und gar geprägt von der archaischen, aber beim Propheten Micha bereits überholten Vorstellung, dass man Gott mit Opfern versöhnen müsse, ist die Entwicklung von zwei Ritualen, welche einmal im Jahr, am Versöhnungstag (Jom Kippur), vollzogen wurden (siehe Levitikus 16):

Einmal das Ritual für unbewusste Verfehlungen: Man nahm einen Widder, belud ihn symbolisch mit der Last der nichtbewussten Sünden und trieb ihn dann in die Wüste, damit er dort vom «Dämon der Wüste» vernichtet würde.

Für die bewussten Sünde gab es ein anderes Ritual: Man schlachtete ein Lamm, mit dessen Blut ging der Hohepriester ins Allerheiligste, das sich im Tempel hinter einem Vorhang verbarg; dort bespritzte er die Bundeslade mit dem Blut, worauf er wieder vor das Volk trat und die Versöhnung des Volkes mit Gott verkündete.

Wie gesagt, beide Rituale leben noch von einer Gottesvorstellung, die in der Bibel später dann abgewiesen wurde. Gott braucht gar keine Opfer! Er muss nicht durch menschliche Leistungen versöhnt werden. Er ist bedingungslose Liebe! Er wendet sich uns zu!

Besonders deutlich wird das bei Jesus von Nazaret: Nach dem Johannesevangelium ersetzt Jesus sowohl den Sündenbock als auch die Schlachtung eines Lammes. Er selbst ist das «Lamm», das die Versöhnung mit Gott bringt: denn mit diesem unschuldig Leidenden und Ermordeten identifiziert sich Gott. Gott geht dermaßen in die Hölle der Gottferne, dass fortan alle Welt glauben darf, mit Gott versöhnt zu sein. Wenn man auch noch die anderen Evangelien hinzunimmt, besonders das Matthäusevangelium (Kapitel 27), dann sieht man, wie sehr man die alten Vorstellungen, die hinter Jom Kippur stehen, hinter sich lässt: Es gibt seit dem Tod Jesu keinen Vorhang mehr zwischen uns und dem Allerheiligsten. Gottes liebende und versöhnende Liebe ist zugänglich und offensichtlich. Er ist bleibend versöhnt.

Es braucht dazu keinen Hohenpriester, keine Vermittlungen mehr: Jeder und jede ist gottunmittelbar und darf glauben, dass er/sie in Gottes Liebe geborgen ist. Es braucht an sich weder Rituale noch bestimmte Tage zur Versöhnung mit Gott. Seine liebende Zuwendung ist endgültig und dauerhaft.

Diese frohmachende Botschaft verkünden die neutestamentlichen Autoren in den alten Metaphern und Vergleichen des «Opfers» *(sacrificium)*. An sich brauchen wir sie nicht mehr. Die archaischen Versöhnungsvorstellungen, die dahinter stehen, haben keinen Geltungsanspruch mehr. Was aber bleibt: Jesus ist das Opfer *(victima)* von Gewalt und Mord, das Lamm Gottes also. Wir dürfen gerade im Gepeinigten und Ermordeten das Geheimnis der bleibenden Zuwendung Gottes entdecken. Und wir sollten daraus wie Franz von Assisi die Konsequenz ziehen, dass wir von daher erst recht Mitgefühl und Empathie zeigen sollten für die leidende Kreatur. Jedes Lamm dieser Erde weist in die Tiefe Gottes, des Menschen und der Schöpfung.

Wenn wir das Christusereignis von seinem innersten Kern her zu deuten versuchen, dann glauben wir ja, dass Gott in Jesus von Nazaret Mensch geworden ist, «Fleisch», wie das Johannesevangelium sagt. Mit andern Worten: Gott ist in diesem Jesus in das absolute Gegenteil seiner selbst eingetreten: in Not und Tod der Erde, nicht nur des Menschen, sondern auch all dessen, was von der Erde genommen ist und zur Erde gehört (Gen 1 und 2). Gott hat sich sozusagen «eingefleischt» in die Erdgeschichte, in das Zeitliche, Irdische, Vergängliche, Verfallende. Gerade so wird die Not in Freiheit gewendet, der Tod ins Leben, das Zeitliche ins Ewige, das Irdische ins Himmlische, das Vergängliche ins Ewige, das Verfallende in das Unzerstörbare. Tod und Hölle können wir entgegen singen: «Wo ist euer Sieg? Wo ist euer Stachel?» (vgl. 1 Korinther 15,55).

Am Anfang war das Wort.
Noch vor aller Schöpfung,
noch vor dem Beginn,
noch bevor etwas angefangen hat,
ist das Wort:
der Wille Gottes, sich zu zeigen,
sich zu offenbaren,
sich selbst mitzuteilen
– dir und aller Welt.
und das Wort war Gott.

Das Wort war bei Gott.
Im Anfang war es bei Gott.
Gott sagt sich selbst,
drückt sich aus,
teilt sich mit,
ist Wort und Antwort,

Beziehung,
ein ewiges Gespräch,
ein großer Dialog
– noch ehe etwas war,
und auch jetzt, da du bist!

Alles ist geworden durch das Wort
und nichts wurde ohne das Wort, was geworden ist.
Jeder Stein ist Wort,
jede Blume Botschaft,
jedes Tier Mitteilung,
jeder Mensch Offenbarung,
Himmel und Erde Kundgebung,
das Universum Verlautbarung Gottes
– und wir haben Ohren, um zu lauschen.

Im Wort ist Leben,
und das Leben ist das Licht der Menschen.
Gott ist offenbar, nicht in sich verschlossen.
Sein Wort hebt ins Licht
und stößt nicht ins Dunkle.
Es ist Gnade, Huld, Zuwendung,
Liebe, Leben sonst nichts!
Und so wird lebendig und hell,
wer sich öffnet und lauscht und hinhört.

Das Licht, Jesus Christus,
leuchtet in der Finsternis,
doch die Finsternis hat es nicht erkannt.
Der Mensch verschließt sich,
schließt die Augen,
schließt sich ein in selbst gewählte Dunkelheit.

Das wahre Licht, das jeden Menschen erleuchtet,
Jesus Christus, kam in die Welt.
Er war in der Welt,
und die Welt ist durch ihn geworden.
In Jesus verdichtet und konzentriert sich,
was jeder Stein kündet,
jede Blume singt,
jedes Tier ruft,
jeder Mensch offenbart,
das ganze All erglänzen lässt:
das Wort, durch das alles erschaffen ist.

Allen, die ihn aufnahmen,
gab er Macht!
Nicht die Macht,
die Meere zu beherrschen
oder das All zu erobern
oder sich gegen andere durchzusetzen!
Sondern Macht,
Kinder Gottes zu werden,
sich als Töchter und Söhne des Wortes zu erweisen,
des Lichtes, des Lebens, der Liebe;
die Macht, zueinander in Beziehung zu treten
und mit allem geschwisterlich verbunden zu sein.

Und das Wort ist Fleisch geworden
und hat unter uns gewohnt.
Darum ist die Welt das Haus des Wortes,
der Leib seine Wohnung,
der Mensch sein Tempel.
Und wir
– wir sind Hörer, Wirte,
Mitbewohner des Wortes.

Wir haben die Herrlichkeit des Wortes gesehen,
den göttlichen Glanz,
der widerstrahlt von dem Antlitz Jesu,
das spezifische Gewicht, das ihm zukommt:
Gnade und Wahrheit und Anerkennung und Liebe.

Jesus, das Mensch gewordene Wort Gottes!
In ihm ist alles gesagt, was Gott sagen kann.
Mehr gibt es nicht zu sagen:
Gott ist Liebe, Leben, Licht,
nichts anderes, nichts weniger!
Aus seiner Fülle haben wir alle empfangen,
Gnade über Gnade.[63]

10 Gibt es Hoffnung für die Tiere?[64]

Ist das Leiden der Tiere ohne Sinn, weil mit dem Tod für sie alles zu Ende ist? Eine schwierige Frage, die viel komplexer ist, als es auf Anhieb scheint.

Zunächst eine Gegenfrage: Welchen Sinn hat das Leiden der Menschen? Auch wenn der Tod nicht das Ende ist, bleibt die Frage bestehen. Das Leiden bekommt nicht dadurch einen Sinn, weil das Leben nach dem Tod weitergeht. Auch der größte Theologe muss letztlich vor dieser Frage kapitulieren. Der Sinn des Leidens wird vielleicht einmal aufgehen, wenn man aus der anderen Welt darauf zurückblickt.

Freilich: Der Mensch kann seinem Leiden einen Sinn geben: er kann im Unabänderlichen frei werden; er kann ja sagen, einwilligen und sich über alle Bitterkeit erheben zu einem gelösten Dasein. Er kann sich im Leiden mit anderen Leidenden verbinden und zeigen, dass die Fähigkeit zum Mitleiden zu den größten Qualitäten des Menschseins gehört. Er kann sogar Leiden auf sich nehmen, um das Leiden anderer zu mildern … Früher hätte man wohl hinzugefügt, man leide, um den Willen Gottes zu erfüllen. Aber das wäre dann ein grausamer Gott, zu dem wir heute keinen Zugang mehr haben. All diese Sinngebungen des Leidens entstammen nicht dem Jenseitsglauben, sondern dem Diesseits.

Und nun zur Frage nach dem Sinn des Tierleidens. Wer aber sagt denn, dass das Tier kein Jenseits kennt? Bloß eine überholte Philosophie sagt: nur der Mensch überlebt seinen Tod, nur die «Geistseele» ist ewig und zerfällt nicht; das Tier aber geht mit seinem Tod zugrunde. Dem widerspricht die Bibel, auf die wir in dieser Frage kaum gehört haben, zum Beispiel Kohelet 3:

> Was die einzelnen Menschen angeht, dachte ich mir, dass Gott sie herausgegriffen hat und dass sie selbst (daraus) erkennen müssen, dass sie eigentlich Tiere sind. Denn jeder Mensch unterliegt dem Geschick und auch die Tiere unterliegen dem Geschick. Sie haben ein und dasselbe Geschick. Wie diese sterben, so sterben jene. Beide haben ein und denselben Atem. Einen Vorteil des Menschen gegenüber dem Tier gibt es da nicht. Beide sind Windhauch. Beide gehen an ein und denselben Ort. Beide sind aus Staub entstanden, beide kehren zum Staub zurück. Wer weiß, ob der Atem der einzelnen Menschen wirklich nach oben steigt, während der Atem der Tiere ins Erdreich hinabsinkt?

Es geht also darum, dass wir sehr viel mehr als bisher die Gemeinsamkeit von Mensch und Tier hervorheben. Die

Bibel betont: Mensch und Tier haben eine gemeinsame Herkunft: Sie sind aus dem Humus der Erde geformt, sind Erdlinge; sie sind beide vom Odem Gottes angehaucht, also lebendige Ansprechpartner und Bundesgenossen Gottes. Infolgedessen sind beide zur Einhaltung des Sabbats verpflichtet. Gott sorgt sich um Menschen und Tiere (Psalm 36). Und im Neuen Testament heißt es dann: «Und das Wort ist Fleisch geworden» – in der Bibel aber bedeutet «Fleisch» wiederum alle dem Tod geweihten lebendigen Wesen, Mensch und Tier.

Hinzuweisen ist auf einen Fortschritt im Denken des Alten Testamentes. Ursprünglich glaubte man, dass der Mensch im Augenblick der Empfängnis zu existieren beginnt und im Augenblick des Todes untergeht. Mit der Zeit erkennt man freilich, dass Gott, wenn er denn Gott ist, ein Gott der Lebendigen ist, nicht der Toten. Daraus folgt, dass er den Menschen nicht im Tod versinken lassen kann. Er wird ihn vielmehr von neuem anhauchen, beim Namen rufen und in seine eigene göttliche Lebensdynamik hineinheben. Der Mensch beginnt an die «Auferweckung», die «Auferstehung» zu glauben, und zwar «des Fleisches», also nicht bloß der Seele bzw. des menschlichen Geistes, sondern des ganzen leibhaften Menschen. So sagt es übrigens bis heute das christliche Glaubensbekenntnis: Wir glauben an die Auferstehung des Fleisches.

Wenn wir der biblischen Logik bis zuletzt folgen, müssen wir schließen: Auch das Tier wird in die Lebendigkeit Gottes hineingehoben. Es kann eigentlich gar nicht anders sein, wenn Gott Gott ist. Denn warum sollte Gott etwas erschaffen, was er dann wieder vernichtet. Ist Gott wie der Mensch in der Wegwerfgesellschaft? Nein, Gott ist der Schöpfer, nicht der Nichter.

Was er erschafft, bleibt. Auch Sonne und Mond, Mensch und Tier, alles bleibt. Dies freilich nicht in grob materieller Weise, sondern gewandelt, in einem «Leib», in dem Gott alles in allem geworden ist.

Die Frage nach dem Leiden von Mensch und Tier ist also eingebettet in die große Wandlungsdynamik, welche Gott seiner Schöpfung eingestiftet hat. Vieles davon bleibt dunkel, rätselhaft, unbegreiflich, unerklärbar. Der Apostel Paulus hat trotzdem nach Erklärungen gesucht, indem er die Metapher der Wehen vor der Geburt verwendet (Römer 8):

> Ich bin überzeugt, dass die Leiden der gegenwärtigen Zeit nichts bedeuten im Vergleich zu der Herrlichkeit, die an uns offenbar werden soll. Denn die ganze Schöpfung wartet sehnsüchtig auf das Offenbarwerden der Söhne und Töchter Gottes. Die Schöpfung ist der Vergänglichkeit unterworfen, nicht aus eigenem Willen, sondern durch den, der sie unterworfen hat; aber zugleich gab er ihr Hoffnung: Auch die Schöpfung soll von der Sklaverei und Verlorenheit befreit werden zur Freiheit und Herrlichkeit der Kinder Gottes. Denn wir wissen, dass die gesamte Schöpfung bis zum heutigen Tag seufzt und in Geburtswehen liegt. Aber auch wir, obwohl wir als Erstlingsgabe den Geist haben, seufzen in unserem Herzen und warten darauf, dass wir mit der Erlösung unseres Leibes als Söhne und Töchter offenbar werden. Denn wir sind gerettet, doch in der Hoffnung. Hoffnung aber, die man schon erfüllt sieht, ist keine Hoffnung. Wie kann man auf etwas hoffen, das man sieht?

Anmerkungen

1 www.songtexte.com/uebersetzung/louis-armstrong/what-a-wonderful-world-deutsch-3d6b123.html
2 WWF Schweiz, Clips zum «Living Planet Report»
3 SKZ 179 (2011) 401
4 www.youtube.com/user/pseudoerbse
5 www.harry-hilft -tieren.de/72.0.html
6 www.youtube.com/user/RuedigerDahlke
7 Toxicology for the twenty-first century. Nature, Vol. 460, 9th July 2009, 208–212
8 www.animalfree-research.org
9 Schweizer Fernsehen, «Club» vom 6. Juli 2010
10 www.zeit.de/2010/04/Schweine-Lawinen
11 www.bmwf.gv.at/startseite/forschung/national/forschungs recht/tierversuche/stellungnahme_des_bmwf/
12 Pro Sieben, «Galileo» vom 16. November 2009: www.prosie ben.de/tv/galileo/videos/clip/6211-kuh-mit-loch-1.1653750/
13 Anital Idel, Die Kuh ist kein Klimakiller, Marburg 32011. Website: www.anita-idel.de
14 Vgl. www.ndr.de/regional/niedersachsen/oldenburg/schwei ne149.html
15 Vgl. www.foodaktuell.ch/index_fleisch.php?id=572
16 Zürcher Tages-Anzeiger vom 5. Juli 2011
17 de.wikipedia.org/wiki/Yvonne_(Hausrind)
18 www.hagalil.com/judentum/koscher/schaechten/2008/tier schutz.htm
19 www.tierimjudentum.de/1128439.htm
20 www.youtube.com/watch?v=7v-3tAtLoIQ
21 www.animals-angels.de
22 www.evb.ch/p19261.html

23 www.youtube.com/watch?v=3-jIP8i1djg
24 Spiegel online vom 22. Oktober 2007
25 seeblog.seelicht.ch/tag/habacuc-vargas/
26 Markus 2,7; 14,64; Matthäus 9,3; Lukas 5,21; Johannes 10,33
27 Leserbrief an den Zürcher Tages-Anzeiger 2004; zitiert nach: Grünes Heft der Missionszentrale der Franziskaner, Bonn 2004, März
28 Greenpeace «Aktion», Ausgabe 2/Juni 2011
29 Dokumentarfilm «We feed the world» von Erwin Wagenhofer, Österreich 2005
30 Vandana Shiva, indische Nuklearwissenschaftlerin und Globalisierungsgegnerin in ihren Interviews: zum Beispiel in Provo Publik-Forum 1/2008, S 5/6 und im Film: «Leben außer Kontrolle – Von Genfood und Designerbabies», ein Film von Bertram Verhaag und Gabriele Kröber, Denkmal-Film GmbH, Schwindstr. 2, D-80798 München, 95 Minuten, 2004
31 www.wwf.de/downloads/wwf-magazin/januar-2009/bei fang-teil-1/
32 Dritte, überarbeitete Ausgabe: www.germanwatch.org/kli ma/gkw11.htm
33 Zitiert nach Zürcher Tages-Anzeiger vom 3. August 2011; State of the World 2011: www.worldwatch.org/sow11
34 Zum Beispiel auf: www.footprint.ch/
35 de.wikipedia.org/wiki/Datei:Diagramm_Logarithmische_ Darstellung_des_virtuellen_Wasserverbrauchs_fuer_ver schiedene_Alltagsgueter.jpg
36 www.tierimrecht.org/de/tierschutzrecht/deutschland/ grundsaetze.php
37 Zitiert in: Andreas Brenner, Umweltethik. Ein Lehr- und Lesebuch, Freiburg/Schweiz 2008, 142
38 Vgl. Brenner, Umweltethik, 148
39 Brenner, Umweltethik, 120
40 H. Bartussek, Ist Fleischkonsum moralisch vertretbar? In: Landwirtschaft 99: Der kritische Agrarbericht, Agrarbündnis, ALB Bauernblatt Verlag, Rheda-Wiedenbrück, 1999, 264–270
41 Brenner, Umweltethik, 176
42 Argumente pro und Contra Tierrechte, in: Information Philosophie Nr. 2/08

43 Immanuel Kant, Grundlegung zur Metaphysik der Sitten, Akademie-Ausgabe Kant-Werke IV, 443
44 Kant-Werke IV, 429
45 www.umweltjournal.de/fp/archiv/AFA_umweltnatur/10320.php
46 Vgl. dazu Jean Claude Wolf, Tierethik. Neue Perspektiven für Menschen und Tiere, Freiburg/Schweiz 1992
47 Vgl. dazu F. Böhmisch, Das verlorene Paradies. Die Bibel und das Fleischessen, in: Theologisch-praktische Quartalschrift 155 (2007) 39–50
48 www.evana.org/?id=62981
49 Christian Adam Dann/Albert Knapp: Wider die Tierquälerei. Frühe Aufrufe zum Tierschutz aus dem württembergischen Pietismus, herausgegeben von Martin H. Jung, Leipzig 2002
50 www.schueler-fuer-tiere.de/aktionen/kirche/brief.pdf
51 www.aktion-kirche-und-tiere.ch/akut.html?/aktu_petition.html
52 www.ecen.org/content/aufruf-die-kirchen
53 www.lebenswurst.de/de/lebenskueche/
54 www.theologische-zoologie.de/
55 Vgl. Albert Schweitzer, Kultur und Ethik (1923), München 1966, 317
56 Zugrunde liegt diesem Abschnitt ein Predigtimpuls zu Genesis 8,21 – 9, 17, zuerst veröffentlicht in: oeku, Das Tier – Geschöpf wie wir. Arbeitsdokumentation SchöpfungsZeit, Bern 2009
57 Ist Fleischkonsum moralisch vertretbar? In: Landwirtschaft 99 – Der kritische Agrarbericht, Rheda-Wiedenbrück 1999, 264–270
58 Arthur Green, Seek My Face, Speak My Name: A Contemporary Jewish Theology, London 1994, 64 (Übersetzung: A. R.)
59 Anton Rotzetter, Die Welt erglänzt in Gottes Farben. Visionen von der Ganzheit der Schöpfung, Freiburg/Schweiz 2000, 69
60 Anton Rotzetter, Gott der mich atmen lässt, Freiburg 1985, 233
61 Anton Rotzetter, Wunderbar seid ihr erschaffen. Wie Franziskus den Tieren predigt, Freiburg 1998, 36

62 Anton Rotzetter, Die Freigelassenen. Franz von Assisi und die Tiere, Freiburg / Schweiz 2011, 115

63 Nach dem Prolog zum Johannesevangelium, in: Anton Rotzetter, Gott, der mir Leben schafft, Freiburg 1994

64 Zuerst veröffentlicht in der Zeitschrift «Wendekreis», August 2009. Internetarchiv: www.wendekreis.ch

Erreichbarkeit der Websites zum Redaktionsschluss 1. März 2012 gegeben. Für Inhalte der verwiesenen Websites zeichnen ausschließlich deren Betreiber verantwortlich.

ANTON ROTZETTER, Dr. theol., ist Referent für zeitgenössische Spiritualität und eine der führenden Stimmen der christlichen Tierschutzbewegung. Er ist Mitbegründer des Instituts für Theologische Zoologie in Münster/Westfalen und Präsident von AKUT Schweiz (Arbeitsgemeinschaft Kirche und Tiere).

ANNETTE MARIA FORSTER, Ausbildung als Pferdewartin und als Kauffrau. Durch ein acht Jahre dauerndes Schlossparkprojekt in Frankreich wurde ihr die Natur- und Tierschutzproblematik bewusst, deshalb engagiert sie sich seit ihrer Rückkehr im Jahre 2000 aktiv für diese Themen. Gründungsmitglied von AKUT-CH, heute deren Geschäftsleiterin.

MIX
Papier aus verantwortungsvollen Quellen
FSC® C106847
www.fsc.org

www.herder.de

Umschlagkonzeption und -gestaltung:
R·M·E Eschelbeck / Kreuzer / Hanel

Umschlagmotiv: © Getty Images

Autorenfotos: © bei den Autoren

Satz: post scriptum, Emmendingen / Hinterzarten

Herstellung: fgb · freiburger graphische betriebe
www.fgb.de

Printed in Germany

ISBN 978-3-451-32470-3